Bellmann

Anna Lawton

Wirklich Frausein

Lebensbilder aus der Bibel

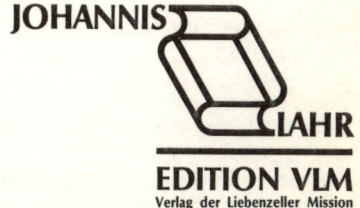

JOHANNIS LAHR

EDITION VLM
Verlag der Liebenzeller Mission

Lizenzausgabe mit freundlicher Genehmigung
des MBK-Verlages, Bad Salzuflen

ISBN 388002 490 1

1. Auflage als Edition C-Paperback unter dem Titel »Frauen dienen Christus«
2. Auflage 1992
TELOS-Bücher
TELOS-Paperback Nr. 71347
Umschlagfoto und -gestaltung: Grafisches Atelier Arnold, Dettingen/Erms
Gesamtherstellung:
St.-Johannis-Druckerei, 7630 Lahr-Dinglingen
Printed in Germany   10821/1992

Inhalt

Frauen dienen Christus

Eva –
die Mutter der Lebendigen

Es gibt kaum ein zweites Frauenleben, das so starke Gegensätze enthält wie das von Eva, der Stammutter des Menschengeschlechtes. Der Glanz des Paradieses liegt über dem Haupt dieser einzigen Frau, die in dem „Garten", den Gott der Herr selbst abgegrenzt hatte, leben und wirken durfte. Und ihr Dienst war zu herrschen, aber herrschen ohne Gewalt, ohne Herrschsucht und Überhebung. Denn zum Herrschen hatte der Herr des Himmels und der Erde die ersten Menschen erschaffen – auch Eva. „Füllet die Erde und machet sie euch untertan", so hatte der Segen des Schöpfers über ihnen gelautet. Es ist uns versagt, Einzelheiten über das wundersame Leben der beiden ersten Menschen vor dem Sündenfall zu wissen. Aber was uns die ersten Seiten der Bibel darüber sagen, genügt vollauf, um uns einen unauslöschlichen Eindruck der tiefsten Harmonie und der unvergleichlichen Kraftentfaltung zu geben. Menschen, nach dem Ebenbilde Gottes geschaffen, Menschen, auf denen des heiligen Gottes Auge mit Wohlgefallen ruhen konnte. Menschen wie wir, das sehen wir an dem, was nun folgt, und doch so ganz, ganz anders; denn mit ihnen sprach Gott der Herr, und sie durften mit ihm reden, wie man mit einem Freund und Vater redet. Daß dies keine übertriebene Schilderung ist, beweist 1. Mose 3, 8: „Und sie hörten die Stimme Gottes des Herrn, der im Garten ging, als der Tag kühl geworden war." Und darin war kein Unterschied zwischen Adam, dem Mann, und Eva als der Frau. Sie sollte alles mit ihm teilen.

Ja, sie sollte ihm helfen in allem. Gehilfin sollte sie ihm sein, nach des Schöpfers eigenem Wort.

Da bricht die Nacht der Sünde hinein in die Welt des Lichtes. Und die Menschen in ihrer Ahnungslosigkeit erkennen nicht die Schatten des Todes, sie staunen und gaffen wie die Kinder und – vergessen ihrer Würde und ihres Auftrages, der ihnen gebot, sich alles untertan zu machen als den Beauftragten des Allerhöchsten.

„Ich fürchte aber, daß wie die Schlange Eva verführte mit ihrer Schalkheit, also auch eure Sinne verrückt werden von der Einfalt in Christo" (2. Kor. 11, 3), so schreibt Paulus an die korinthische Gemeinde. Der ist „verrückt" nach der Schrift, bei dem Christus aus dem Mittelpunkt seines Lebens gerückt ist. Seit dem Fall der ersten Menschen sind alle, die in diese Welt geboren werden, aus der Stellung herausgerückt, von der sie mit *einer* Falte d. h. in Einfalt nur auf Gott und sein Wort sehen und hören. Und so läßt Eva es geschehen, daß ein Geschöpf, die Schlange, sie anredet, und sie würdigt es einer Antwort. Sie läßt sich in das Gespräch ein und hört auf die Stimme, die ihr Gott fragwürdig, ja geringschätzig macht. Da fällt sie aus ihrer hohen Würde als Herrscherin und wird ein gefügiges Werkzeug des Geschöpfes, das ihr zu dienen erschaffen war. Und wer einmal auf die abschüssige Bahn gerät, der ist schnell unten angelangt. Und so ist es kein Wunder, wenn noch am Abend desselben Tages das Entsetzliche geschehen ist, das die Menschheit in das namenlose Elend gestürzt hat, in dem sie heute nach Tausenden von Jahren in immer furchtbarer werdendem Maße versunken ist und bleibt.

Elend, so heißt das fremde Land (Elilenti). In diesem

fremden Land schmachtet alles, was Mensch heißt, in gleicher Weise. Und Eva, die Mutter der Lebendigen, hat den ersten Anstoß dazu gegeben. Ja, sie war ihrem Manne eine Gehilfin, aber eine Gehilfin zum Bösen, zum Unheil geworden. Und Adam, der als der Stärkere sich nicht hatte verführen lassen von der Schlange, ist der Überredung des Weibes erlegen (1. Tim. 2, 14). Eva sah die Früchte des Baumes, von dem Gott geboten hatte, daß sie nicht davon essen sollten. „. . . Da nahm sie von seinen Früchten und aß und gab auch ihrem Manne, und der aß auch" (1. Mose 3, 6).

Nirgends steht auch nur eine Andeutung, von welcher Beschaffenheit dieser Baum war[18]. Wenn Christus sich das Leben nennt und in der Offenbarung bei der Vollendung vom Baum des Lebens die Rede ist, gehen wir gewiß nicht fehl, wenn wir mit den Alten sagen: „Christus, der Baum des Lebens." Das Geheimnis vom Baum der Erkenntnis des Guten und Bösen wird uns nirgends in der Bibel gelüftet, so soll es uns wohl auch verborgen bleiben bis zu jenem Tag, da die Hüllen fallen und wir „erkennen werden, wie wir erkannt sind" (1. Kor. 13, 12).

Der biblische Bericht fährt fort zu schildern, wie Eva gegen das ausdrückliche Verbot Gottes dahin schaute, von wo sie sich abwenden sollte. Die Begierde erwachte, und Eva vergaffte sich in die Schönheit und Lieblichkeit

---

18 Die Art, wie die Geschichte vom „Apfelbaum" oft auch von gutgemeinter Seite erzählt wird, hat viel dazu beigetragen, daß die Versuchungsgeschichte lächerlich gemacht und das Wort Heiliger Schrift zum Märchen gestempelt wurde. Das ist mit der Erhabenheit des biblischen Berichts unvereinbar. Denn nichts ist verächtlicher als das Lächerliche. In der Weisheit ist mehrfach die Rede vom Baum und Früchten, auch sonst in der Bibel sind Menschen Bäume und Pflanzen genannt.

der verbotenen Frucht und streckte ihr Hand danach aus.

Die Paradiesesherrlichkeit verblaßt, und die grausigen Schatten der unteren Welt verfolgen den Pfad der ersten Menschen, der ersten Frau besonders, als sie für immer den Garten Gottes verlassen müssen. Schwer lastet der Fluch des Schöpfers fortab auf der Erde. Die erste Mutter der Menschen aber trägt seit der Stunde ein hartes Los und ihr ganzes Geschlecht mit ihr. Mit Schmerzen soll sie fortan ihre Kinder gebären. „Viel Schmerzen will ich dir schaffen", sagt der Herr zu ihr, als er beide zur Rechenschaft zieht. „Dein Verlangen soll nach deinem Mann sein, und er soll dein Herr sein." Nun du ihm nicht Gehilfin zum Guten, zum Licht gewesen, soll auch dein Platz nicht mehr neben ihm, sondern unter ihm sein. Dein Herr, dein Gebieter soll er fortan sein. Das ist nicht Schöpferordnung. Das ist von Gott eingesetztes Regiment für die gefallene Schöpfung! Auch in der neutestamentlichen Gemeinde ist es nicht aufgehoben (Eph. 5, 22–25), aber es ist dort verwandelt in ein Untertansein der Liebe und des Gehorsams unter *den* Mann, der selbst Christus untertan ist. Unter diesem schweren Wort, das bis zum heutigen Tage auf all ihren Töchtern lastet, folgt Eva ihrem Manne hinaus in die Wüste der Welt, wo Dornen und Disteln ihrer warten.

Zwischen dem Menschen aber und der Schlange als dem eingeleibten Satan hat Gott in seiner väterlichen Barmherzigkeit eine unübersteigbare Mauer aufgerichtet: ewige Feindschaft. Der Herrschaftsanspruch über den Menschen, den Satan aus diesem Einbruch ins Paradies sich anmaßt, darf nicht zu Recht bestehen. Satan hat kein

Recht über die nach Gottes Bild erschaffenen Menschen, nur die Erde steht unter dem Fluch wie er und ist ihm übergeben (Luk. 4, 5 u. 6).

Es ist ein Wort des Glaubens, wenn Lamech seinen Sohn Noah – Trost nennt. „Der Herr wird uns trösten in unserer Mühe und Arbeit auf der Erde, die der Herr verflucht hat." Glauben heißt Gott recht geben in seinem Urteil und sich darunter beugen und nach keiner anderen Hilfe oder Trost ausschauen als nach dem, was Gott selbst verheißen und gegeben hat. Solche Glaubensmenschen sind „die Säulen, darauf die Welt noch ruht". Sie vergeuden ihre Kräfte nicht, um falschen, gottwidrigen Zielen nachzujagen wie Kain und seine Kinder, die Gottes Fluch zum Trotz diese Erde wieder zurückgewinnen wollten. Wieviel bittere Enttäuschung und Hader gegen Gott ist dadurch in den Menschen genährt worden! Die Menschheitsgeschichte ist ein einziges Zeugnis dafür. Die besten und tiefsten Dichtungen und Romane bis in die Gegenwart ringen mit dieser Frage von Schuld und Schicksal und um das Gottesbild der vom Leben und von Gott Enttäuschten.

Die oft nur mit wenig Strichen angedeuteten Lebensbilder aus der Frühe der Menschheit, die uns die ersten Blätter der Bibel zeichnen bis zur großen Flut, enthalten den Schlüssel zu dem Problem: Leben, doch nur erkennbar für den, der unter dem Kreuz des Schlangentöters steht.

Dem Menschen ist der Kampf befohlen (1. Mose 4, 7): „Du aber herrsche über die Sünde." Aber auch Satans Macht ist begrenzt, denn der große Weibessame wird kommen – sie hören es beide mit Staunen und Anbetung – der Mann und sein Weib: Der Held, der große Schlangentöter, der nach Gottes Geheiß einst kommen und der furchtbaren Satansherrschaft ein Ende machen wird, er wird ein Mensch, ein Weibessame sein.

Da, wo Gott straft und richtet, da heilt und segnet er zugleich. Durch eine Frau ist die Sünde in die Welt gekommen – durch eine Frau hat Gott den Erlöser in die Welt hinein gegeben.

Und nun bekommt das Leben der Eva einen neuen Inhalt, in dem Augenblick, da durch ihre eigene Schuld ihr Leben ein Ende zu nehmen anhob. Ohne ihn zu kennen, darf sie fortan dem dienen, den eine andere Frau ihren Sohn nennen darf. Auch Eva dient Jesus; denn als Mutter der Lebendigen ist sie das erste Glied der Kette aller Lebenden, deren Größter der große Schlangentöter, unser Heiland Jesus Christus ist.

Und als Eva ihrem ersten Sohn das Leben gibt, da nennt sie ihn Kain und ruft aus voll dankbarer Freude: „Ich habe den Mann, den Herrn!" Ein mutiges Wort, der Frau würdig, die einst in der Nähe Gottes wandelte. Sie kann ihres Gottes Wort nicht vergessen, sie zehrt davon im Lande des Elends, sie denkt daran in den Stunden größter Schmerzen. Sie hält daran fest, bleibt daran kleben, und damit eröffnet sie die lange Reihe derer, die Jesus dienen.

Wer an Gottes Wort festhält in tiefstem Schmerz und in der verlassensten Stunde, der dient Jesus. Er folgt dem nach, der selbst das Wort Gottes ist und der als Mensch nur eins wußte und eins tat, was er den Vater tun sah und den Vater reden hörte, dessen Ohr am Munde des Vaters lag und der in Todesangst und Verlassenheit nur eins noch wußte und dessen Seele nur eins herausschrie in jener Stunde der Finsternis: „Mein Gott, mein Gott!" Dem diente Eva, als sie sich ans Wort hielt wie an eine Planke mitten im Meer der Welt und der Todesluft einer Erde, die unter dem Fluch ihres Schöpfers sich zu dem Jahrtausende währenden Sterben schickte.

Wort des höchsten Mundes, Engel unseres Bundes,
Wort, du warst nie stumm;
bald, da wir gefallen, ließ uns Gott erschallen
Evangelium,
eine Kraft, die Glauben schafft,
eine Botschaft, die zum Leben
Jesus uns gegeben.

Was sein Wohlgefallen vor der Zeit uns allen
fest bestimmet hat,
was der Opfer Schatten längst verkündet hatten,
das vollführt sein Rat;
was die Schrift verspricht, das trifft
alles ein in Jesu Namen
und ist ja und amen.

Heinrich Kornelius Hecker, 1699–1743

Sarah –
die Mutter der Glaubenden

Keine Frau wird in der Heiligen Schrift so oft genannt wie Sarah, Abrahams Frau. Ist Eva „die Mutter der Lebendigen" (1. Mose 3, 20), so nennt Petrus die gläubigen Frauen Sarahs „Töchter" (1. Petr. 3, 6). Daß sie die Mutter aller Glaubenden ist, wird schon deutlich bei der Änderung ihres Namens, die Gott der Herr selbst vornimmt, als er das dreizehn Jahre währende Schweigen nach Ismaels Geburt aufhebt (1. Mose 17, 5. 6. 15. 16). Abram – „hoher Vater" wird in Abraham – der „Vater der Menge" umgewandelt. Aus dem persönlich innigen Sarai – „meine Fürstin" wird das hoheitsvolle, weitausgreifende Sarah – „Fürstin". „In beide neue Namen, die Abram und Sarai empfangen haben, ist der Grundbuchstabe des Namens Jehovah, nämlich das H, hineingewirkt; denn dieser Name ist Kern und Stern jener wunderbaren Zukunft, der Abrahams Name kraft des Bundes, den Gott mit ihm geschlossen hat, entgegengeht" (Delitzsch). Darum muß man Sarah und nicht Sara schreiben (Dächsel). Die ehrenvolle Stellung, die sie als Abrahams Frau im eigenen Hause hatte, soll zu einer damals noch unübersehbar hohen Ehrenstellung unter allen Völkern und Geschlechtern erhoben werden. Eine Größe der Bestimmung, die bis in die Endzeit der alten und in die Herrlichkeit der neuen Welt hineinreichen wird (vgl. Galater 4, 22 ff).

Und was ist es, das diese Frau hoch über alle Frauen des Alten Bundes emporhebt? Nicht ihre außerordentliche Schönheit, die noch die Neunzigjährige auszeichnet (1. Mose 12, 11. 14–20), nicht die Würde als Gattin des auch von den Heiden als „Fürst Gottes" Hochgeachteten (1. Mose 23, 6)! Zwei Dinge sind es, die ihr diesen Ehrenplatz im Stammbaum der Familie der Glaubenden einräumen und sie einreihen in die Liste der Glaubenshelden von Hebräer 11. Sie ist die erste Frau nach der Sintflut, die einer direkten Verheißung Gottes gewürdigt ist: „Sarah soll einen Sohn haben", also nicht nur ein Sohn des Abraham soll der Verheißene sein von irgendeiner Frau, wie beide zuweilen dachten. Gott hat Sarah zur Mutter der Glaubenden bestimmt und mit Namen genannt (1. Mose 17, 16ff.; 18, 10. 14). Und Sarah antwortet mit Glauben. Das ist die einzige Antwort, die Gottes würdig ist. Sie hält Gott für treu. Damit ist alles gesagt. Und so eröffnet Sarah die Reihe der Frauen, die mit Maria, der Mutter des Herrn, ihren Höhepunkt erreicht. Darum urteilt Gottes Wort über Sarah in Hebräer 11, 11, daß sie im Glauben gehandelt habe ungeachtet dessen, was uns in 1. Mose 18, 12–15 erzählt wird, wie der Herr in seiner huldreichen Herablassung ihr erst zu diesem Glauben helfen mußte. In Gottes barmherziger Hand wird das Lachen des Unglaubens (1. Mose 18, 12) zu einem Lachen der sieghaften Freude umgewandelt, wie es in dem Namen Isaak (Lachen) deutlich wird (1. Mose 21, 6. 7).

Sarah beugt sich unter die Gewalt des Wortes Gottes und empfängt die Kraft des Glaubens. Das will der 11. Vers aus dem Glaubenskapitel des Hebräerbriefes besagen. Damit hat Gott sein Ziel mit ihr erreicht: aus der stolzen Gebieterin ihres Hauses, der alle Mittel zu Gebote stehen, sich selbst zu helfen und jeder Lage Herr zu werden, wird ein gehorsames Werkzeug des göttlichen

Willens. Ja, wunderbar führt der Herr seine Heiligen! Dafür ist Sarahs Leben ein deutlicher Beweis.

Weg aus der Heimat der Väter, von Ur in Chaldäa, jenseits des Stromes, weg von den Kulturstätten jener alten Welt am Euphrat, wo die Götterberge zum Himmel ragen und heidnischer Aberglaube sich auch in das Leben der Kinder Sems eingefressen hat (Josua 24, 2. 3), war sie willig dem gefolgt, den sie „Herr" nannte (1. Petr. 3, 6; 1. Mose 18, 12). Von einem Zaudern, wie später bei Lots Frau, der Sodomitin (1. Mose 19, 26), berichtet die Schrift nichts. In ihrer Weltunerfahrenheit und noch nicht fest im Glauben geht sie auf Abrahams krumme Wege ein, als sie beim Ausbruch einer Hungersnot im benachbarten Ägypten Zuflucht suchen und Abraham als der einsame Fremdling sein Leben gefährdet sieht durch Sarahs Schönheit. So widersteht sie ihm nicht, als er bittet: „Sage doch, du seist meine Schwester, auf daß es mir wohl gehe um deinetwillen..." (1. Mose 12, 11–13).

Doch mit väterlichem Erbarmen wacht Gott darüber, daß ihr kein Leid geschieht im ägyptischen Harem Pharaos, in den sie schon abgeführt wird. Und als nach vielen Jahren wieder eine Hungersnot sie in das andere Nachbarland der Philister treibt, da vergessen sie beide, was Gott an ihnen getan und was er ihnen verheißen hat. Wieder verlassen sie den geraden Weg der Wahrheit und suchen Zuflucht bei der halben Wahrheit, daß sie wohl denselben Vater aber nicht dieselbe Mutter haben. Sie verleugnen ihre Ehe und damit den Stand, in dem Gott seine Verheißung an ihnen und der ganzen Welt erfüllen wollte (1. Mose 20, 2. 11 bis 13). Aber Gott, der treue Menschenhüter, der sich die Starken zum Raube holt, um sie schwach und klein zu machen, weil er nur mit „zerbrochenen Stäben seine Wunder tut", der wacht auch dieses Mal über Sarahs Seele und Leben. Menschen dürfen die nicht verderben, auf der Gottes Verheißung liegt, daß aus ihr das heilige Saatgut erwachsen soll, aus dem David, der König, und sein großer Sohn, der Schlangentöter (1. Mose 3, 15), kommen wird. Keiner darf sie berühren am Königshof der Philister. Beschämt stehen Abraham und Sarah vor den Heiden, unter denen mehr Gottesfurcht zu finden war als sie, die wahren Gottesanbeter, ihnen zugetraut, ja als sie selbst bewiesen hatten.

Wieder und wieder versucht Sarah, mit menschlichen Mitteln das von Gott Verheißene an sich zu reißen. Zehn Jahre waren nun schon vergangen, seit Gott das geheimnisvolle Wort gesprochen hatte, daß er Abraham zum großen Volk machen werde. Und noch immer war ihm kein Sohn geschenkt, durch den sich diese Verheißung hätte erfüllen können. Sie werden beide alt, es wird höchste Zeit, daß etwas geschieht. „Der Herr hat mir den Kindersegen versagt!" Mit bitterem Schmerz sagt es Sarah zu Abraham. Nun hat sie keine Hoffnung mehr, daß sie selbst das Werkzeug zur Erfüllung der wunderbaren Zusage Gottes (1. Mose 12, 2. 3) sein würde. Schon in Chaldäa war dieses ihres Herzens geheime Not gewesen (1. Mose 11, 30). Dann flammte die Hoffnung neu auf, als in Haran der Ruf zum zweitenmal an Abraham erging (Nehemia 9, 7; Apg. 7, 2–4; Josua 25, 2. 3; 1. Mose 12, 1). Aber Gott schweigt.

Sarah ist gewohnt zu handeln und sie weiß, Abraham hört auf sie. Nicht ohne Grund nennt er sie „meine

Fürstin". Da ist die ägyptische Sklavin Hagar, die wohl damals von Ägypten mit vielen anderen nach Kanaan mitgekommen war (1. Mose 12, 16). Sarah selbst ist es, die Abraham den Rat gibt, Hagar zu ehelichen. „Vielleicht erhalte ich durch sie einen Sohn", mit diesen Worten gibt sie ihm die Sklavin und – er widersteht ihr nicht, „er gehorchte ihrer Stimme" (1. Mose 16, 2). Aber so wie Hagar auf dem Wege des Kleinglaubens und menschlicher Schuld einst in Abrahams Hände gekommen war (1. Mose 12, 16), so jetzt auch Ismael, der Knabe, dem sie das Leben schenkt. Da entsteht immer viel Not und Herzeleid, denn eine Sünde gebiert die andere.[19]

Schon vor Ismaels Geburt fängt es an. Hagar überhebt sich, seit sie weiß, daß sie die Mutter des Erben wird. Doch Sarah ist noch gefangen in ihren eigenen Wegen und Gedankenirrgängen. Sie sieht nicht, daß sie selbst dies alles gewollt und verursacht hat. Sie klagt und murrt, aber nicht wider ihre eigene Sünde (Klagelieder Jeremia 3, 39). Noch immer ist sie Sarai . . .

Sechzehn Jahre vergehen, und wieder kommt Gottes Wort zu Abraham. Auch er muß noch besser lernen, was Gott geziemt und seinem Wort. Noch einmal sagt es ihm Gott unmißverständlich: von ihr, der Sarah, die Fürstin heißen soll über alle Völker und Könige, von ihr will ich dir einen Sohn geben. Abraham betet an. Nun ist der Weg frei, und Gott kann sich herun-

19 Bis zum heutigen Tag geht der Streit zwischen diesen Brüdern: Ismael als dem Stammvater der Araber (Hes. 27, 21; 1. Mose 25, 13) und Isaak als dem der Juden. Brennend steht die Palästinafrage heute wieder im Vordergrund, und dabei geht es immer um Isaak und Ismael.

terneigen und seinen Freund und Knecht heimsuchen
(1. Mose 18). Und jetzt redet Gott auch direkt mit der
Frau (1. Mose 18, 15). Der natürliche Menschenverstand vermutet hier bei Kapitel 20 eine Verschiebung
des biblischen Textes. Er sagt, es sei unmöglich, daß
Abraham und Sarah nach all den Gnadenerweisungen
Gottes – vor allem nach der Begegnung in Kapitel
18 – noch fähig gewesen sein sollten, sich mit solchen
halben Wahrheiten und ähnlichen krummen Wegen
Selbsthilfe zu verschaffen. Daran wird deutlich, wie wenig der Mensch vom Menschen weiß. Richtig lernen
wir uns erst kennen, wenn wir vom Geist Gottes erleuchtet sind. Dann aber wundern wir uns über keinen
Fehltritt der Frommen. Wir wissen, wie Satan gerade
denen nachstellt, die in der Glaubensschule ihres Gottes
am eifrigsten sind. Unser natürlicher Mensch mit seinen
Anlagen bleibt uns, solange wir leben, und der Kampf,
ihn täglich neu unter die Herrschaft des Heiligen Geistes zu geben, wird nicht einfacher. Im Gegenteil, die
Versuchungen und Anfechtungen werden immer schwerer. Nichts ist darum verhängnisvoller für den, der
Christus dient, als die Halbheit! Sarahs Leben zeigt
uns, daß Gott auch aus dem Gemisch der frommen Welt
herausführen und zur ganzen Hingabe bringen kann.

Durch alle Glaubenslosigkeit und Menschenfurcht hindurch, die der biblische Bericht weder abschwächt noch
beschönigt, lehrt Gott seine Erwählten glauben. Und
also gedemütigt, wird Sarah der verheißenen Heimsu-
chung gewürdigt, wie uns 1. Mose 21, 1 berichtet: „Und
der Herr suchte Sarah heim, wie er geredet hatte, und
tat mit ihr, wie er geredet hatte." Nun gehört sie zu
den gebenedeiten Frauen, den begnadigten, die Christus
dienen. Ein Christusträger wird sie, weil sie im Glauben

die Kraft empfängt zu der todüberwindenden Tat, Leben aus dem Tod zu erglauben (Röm. 4, 17–21; Hebr. 1, 11. 12). So wird sie die Mutter des Verheißenen, aus dem Christus kommt nach dem Fleisch. Zu solcher Ganzheit erzieht uns die Gnade (Titus 2, 11. 12), und Gott tut immer ganze Arbeit. Ihm muß alles dienen: Chaldäer, Ägypter, Kanaaniter oder wie die Werkzeuge heute alle heißen mögen, die Gott benützt, um seine Kinder im Glauben zu üben und für sein Reich zuzubereiten.

Laß doch mein Herz dich niemals meistern nicht;
brich ganz entzwei den Willen, der sich liebt,
erweck die Lust, die sich nur dir ergibt
und tadelt nie dein heimliches Gericht.

Gottfried Arnold, 1666–1714

Rebekka –
die Mutter zweier Völker

Aus dem Lande „jenseits des Stromes", wie die alten Urkunden berichten, ist Rebekka gekommen. Das heutige Irak – in alten Zeiten Mesopotamien oder Zwischenstromland genannt – ist zwischen Euphrat und Tigris gelegen, also zwischen zweien der vier in 1. Mose 2, 10–14 erwähnten Ströme, die vom Garten Eden einst ausgegangen waren. Hier ist die uralte »Völkerschranke" zwischen Orient und Okzident, um die sich seit Jahrtausenden die Völker verkämpft haben und deren Bedeutung in den Kriegen der Endzeit das letzte Buch der Bibel hervorhebt (Offb. Joh. 9, 14; 16, 12). „Zwei Völker sind in deinem Schoß", sagt der Herr zu Rebekka, als vor der Geburt der sehnlich erwarteten Nachkommen sie eine Unruhe erfaßt (1. Mose 25, 23). Es geht um Völker- und Weltgeschehen im Leben dieser Frau.

In Haran ist Rebekka geboren, als Tochter des Bethuel, der ein Sohn von Abrahams Bruder Nahor war und wie dieser Ur in Chaldäa verlassen hatte. Wann das geschah, ob mit Abraham zugleich oder später, wird uns nicht berichtet. In 1. Mose 11, 31 ist er nicht genannt, doch wird 1. Mose 24, 10 Haran die Stadt Nahors genannt.

Bei Bethuel verrät der Namen (El = Gott) noch ein Wissen um den lebendigen Gott. Aber schon Laban mit seiner Geldliebe weicht davon ab, und es ist nicht zu verwundern, daß in seinem Hause sich Götzen finden (1. Mose 31, 19), von denen Jakob vor der Rückkehr in die Heimat sein ganzes Haus gründlich reinigt (1. Mose 35, Wff.).

Über Rebekka sagt Luther das schöne Wort: „... von Engeln gesucht, gefunden und zu ihrem Bräutigam geführt, damit sie Mutter würde..." (1. Mose 24, 7 b). Und das kam so:

Eben noch hatte Abraham das Opfermesser über dem Sohn auf Morija gezückt (1. Mose 22) mit dem todesmutigen Glauben im Herzen: „... Gott kann auch wohl von den Toten erwecken", („deshalb hat er ihn auch zurückerhalten" setzt das Neue Testament erläuternd hinzu, Hebr. 11, 19), da wird dem nach Hause Zurückgekehrten berichtet, daß in Mesopotamien bei seinem Bruder Kinder und Enkel geboren sind.

Die Familien wissen voneinander, und auch Rebekka weiß von dem wunderlichen Aufbruch ihres Großvaters. Sie wissen dort alle, daß der Glaube an den einen lebendigen Gott, den Gott Sems, Abraham zu diesem seltsamen Schritt getrieben hat. Wie mag es ihm in dem durch seine himmelschreienden Sünden bekannten Kanaan ergangen sein? Lot hatte es verstanden, sich in der fruchtbaren Gegend einzubürgern, war er nicht sogar in den Rat der Stadt gewählt? Gewiß, Sodom war berüchtigt durch die grundlose Schlechtigkeit seiner Bürger, aber da würde Lot schon einen Weg zur Verständigung finden und damit womöglich noch Verbesserungen der Zustände herbeiführen. Das war ihm schon zuzutrauen, der würde sein Glück machen, er war ja nicht umsonst Harans Sohn, von dem die Familientradition allerlei zu erzählen wußte als von einem, der es nach allen Seiten hin gut konnte. Aber Abraham, man konnte richtig Sorge haben, ob er je sein Glück machen würde! Und doch, eine heimliche Bewunderung, fast Ehrfurcht blieb über seiner Person. In der ganzen Familie wußte jeder, wer Abraham war.

Da hält eines Tages eine vornehme Karawane vor den Toren Harans. Der Anführer ist ein stattlicher Fremdling, dem man den Umgang mit den Großen und Vornehmen abspürt. Dabei liegt über ihm eine Würde, die einem Ehrerbietung abnötigt – wie aus einer anderen Welt kommt er dem lebenslustigen, weltoffenen Volk dort oben an der Pforte des Ostens vor. Es ist Elieser von Damaskus, der Hausvogt Abrahams, der über alle Sklaven und Güter seines mächtigen und mit Reichtum gesegneten Herrn gesetzt ist. Mit seltener Treue und mit einer Frömmigkeit, die seines Gebieters würdig ist, hat er sich auf diese merkwürdige Reise begeben. Welch tiefe Eindrücke muß dieser Damascener von der Gottesfurcht, ja ganz direkt von dem Gott seines Herrn empfangen haben. Kein Gedanke daran, daß er ihn vielleicht hätte beerben können (1. Mose 15, 2), lähmt seinen Gehorsam. Voll Kraft Heiligen Geistes macht er sich auf zur Brautwerbung für seines Herrn Sohn Isaak.

„Der Herr, der Gott des Himmels, der mich aus meines Vaters Hause und aus meinem Heimatlande weggeführt und der mir zugesagt und mir zugeschworen hat: ‚Deinen Nachkommen will ich dieses Land geben‘ – der wird seinen Engel vor dir her senden, so daß du dort eine Frau für meinen Sohn gewinnen wirst."

Mit diesen Worten hat der hochbetagte Patriarch ihn

entlassen. Nun hat er sein Ziel erreicht. Wohin soll er sich wenden um Auskunft in der großen, fremden, heidnischen Stadt? Für den Knecht Abrahams gibt es nur eine Zuflucht, den Herrn, den Gott seines Herrn Abraham. Er tut, was er seinen Herrn so oft tun gesehen – er betet: „Laß es mir glücken." „Begegne mir heute", übersetzt Luther und deutet damit die innere Herzensstellung des Betenden. Er hat es in den langen Jahrzehnten, die er mit dem Gottesmann zusammen lebte, erfahren, daß dessen Gott ist, was er heißt: Jehovah, Jahwe, das ist der Seiende. Er, der heidnische Mann aus Syrien, hatte manches Mal die Spuren dieses geheimnisvollen, wunderbaren Gottes in seines Herrn Leben, auf dessen Antlitz gesehen. Nun hatte er selbst Gelegenheit, die Wahrheit zu erproben. Und wirklich, der Gott Abrahams erhört ihn pünktlich und genau aufs Wort! Der Größte neigt sich herab zu dem Stammeln der Sklaven. Noch hat er nicht ausgeredet, da kommt schon Rebekka (deutsch: die Fesselnde) heraus (1. Mose 24, 15–27). Ja, Luther hat recht, wenn er sagt: „Von Engeln gesucht und gefunden . . ." Es war eine göttliche Brautschau mitten in der Hochburg heidnischen Götzenkultes. Wie staunen die Verwandten über den Reichtum des fernen Vater-Bruders. Das hätten sie nicht vermutet. Besonders Laban, Rebekkas Bruder, ist eifrig dabei, sich und die Seinen der Goldschätze und aller Kostbarkeiten, die Elieser mitgebracht hat, zu versichern. Auch dort weiß man noch etwas von dem Namen Gottes.

„Komm herein, du Gesegneter des Herrn", mit diesen Worten holt er den Fremden herein, der draußen bei den Kamelen an der Quelle steht. Wunderbares hat der Fremde ihnen zu berichten. Rebekka soll die Herrin aller dieser Güter, sie soll die Gattin des Stammhalters werden, des einzigen Sohnes von Abraham. Aber dazu muß sie, dem Abraham gleich, ihres Vaters Haus verlassen und mit dem Fremden in die Fremde ziehen (Ps. 45, 11). Ist sie dazu bereit? Die Mutter und der Bruder wollen sie erst zurückhalten. Noch nicht so rasch, noch einige Tage Aufschub, so bitten sie. Rebekka wird herbeigerufen, sie soll selbst entscheiden. Kurz und entschlossen lautet ihre Antwort: „Ja, ich will mit ihm ziehen." Nun ist der Auftrag erledigt, und die Karawane macht sich auf den Heimweg. Nicht gerade sehr geistlich lautet der Segen, den sie ihrer Schwester Rebekka mitgeben auf ihren Lebensweg: „Du, unsere Schwester, werde die Mutter von tausendmal Tausenden, und deine Nachkommen mögen die Tore ihrer Feinde besitzen" (1. Mose 9, 26)! Und doch klingt etwas durch von dem uralten Noachitischen Segen, der Sem, dem Stammvater Abrahams, nach der Sintflut mitgegeben war: „Gelobt sei der Herr, der Gott Sems; und Kanaan sei sein Knecht." Außer ihren Dienerinnen bekommt Rebekka noch ihre Amme, die Debora, mit in ihre neue Heimat. Das war so die Sitte. In dieser Frau wird ihr ein kostbarer Schatz mitgegeben. Wir wissen außer ihrem schönen Namen (Debora = Biene) nur noch von ihr, daß sie mit Jakob von Haran nach Bethel zurückkehrt (1. Mose 35, 6–8) und unterwegs stirbt, vom ganzen Hause Jakobs betrauert. Sie muß also wohl von Rebekka dem Sohn nach Haran nachgeschickt worden sein und seitdem zu seinem Hause dort gehört haben. Luther setzt dieser ein ehrendes Denkmal, wenn er sagt: „Ich halte, daß diese Debora eine weise und gottselige Matrone, vom Gesinde gleichsam für die Großmutter gehalten gewesen ist, die Jakob gedient und geraten hat; und in großer Gefahr und Beschwerung hat er sich oftmals von ihr zureden und trösten lassen. Denn die Weiber, so die Gottseligkeit lieb haben, pflegen auch sonderlich die Gnade zu haben, andere zu trösten und ihnen ihre Schmerzen zu lindern, und das Gespräch der Weiber bewegt schier den Menschen mehr als das der Männer."

Daraus geht deutlich hervor, daß wir in Debora mehr sehen dürfen als nur die Amme für die Kinder! War sie doch die einzige gewesen, die Jakob zur Seite stand im Hause der abgöttischen Verwandten zu Haran. Daß Jakob dort nicht dem modernen Unglauben verfiel, der Anbetung der Mondgöttin, die wohl durch Tarah, Abrahams Vater, nach Haran gebracht worden war, ist bei seinem anschmiegsamen Charakter ein Wunder der bewahrenden Gnade Gottes. Zumal Rahel, die Frau, die er liebte, noch so in die Abgötterei verstrickt war, daß sie ihres Vaters Götzen stahl, als sie auf der Flucht die Heimat verließen.

Jakob sollte seine Stärke in nichts anderem haben als in Gott. Das war die Versuchung, in der Christus überwand: „... ich will dir geben alle Reiche der Erde." Hier ist die römische Kirche unterlegen, indem sie nach sichtbarer Macht und Größe schon hier auf dieser Erde greift.

Der 61. Vers in 1. Mose 24 spricht von einer fröhlichen Bereitschaft von Seiten Rebekkas, dem Fremden zu folgen. Ob sie es weiß, daß sie denselben Weg geführt wird, den Abraham 65 Jahre zuvor von seinem Gott geführt worden war? „Der Knecht übernahm Rebekka und zog von dannen" lautet es in einer genaueren Übersetzung, das will sagen: Rebekka hat die Führung ihres Lebens einem anderen übergeben, und sie vertraut ihm

völlig. Das ist nicht allein mit der jugendlichen Begeisterung zu erklären, mit der sie dem kommenden Unbekannten entgegenzieht, auch nicht mit der jubelnden
Freude, dem Manne zugeführt zu werden, an dessen
Seite sie als Herrin all dieser Reichtümer ein verlok-
kendes Glück erwartet. Irgendwie hat sie es geahnt,
daß sie auszieht, um eingereiht zu werden in den hehren Zug der Frauen, die auf den Kommenden warten,
auf den großen Sohn Sems, der, so scheint es, ein Sohn
Abrahams sein soll. Sie wird teil daran haben, und
sie ahnt ehrfürchtig durch das eigentümliche Gebaren
des Fremden, sein Beten und sein Berichten, sein Warten
und Eilen, daß hier ein Größerer als selbst Abraham
am Werk ist.

Und nun wandert der Zug mit der kostbaren Last durch
die Wüste – denn nicht weniger als die Stammutter
des Messias birgt der vornehme Troß. –

Zur gleichen Zeit geht weit im Süden in Beerseba (noch
weit südlicher als Hebron gelegen, wo Abraham in der
Nähe von Sarahs Grab wohnt) ein stiller Mann
zur Abendzeit hinaus zur Quelle zum einsamen Gebet.
„Und Isaak war vierzig Jahre alt, als er in Rebekka
die Tochter des Aramäers Bethuel aus Nord-Mesopota-
mien, die Schwester des Aramäers Laban, zur Frau
nahm" (1. Mose 25, 20). Wie er aufblickt, erkennt Isaak
die heimkehrende Karawane. Nun weiß er, sie kommen
und mit ihnen Rebekka, die ihm von seinem Vater bestimmte Frau. Darauf hat er sich gerüstet im Gebet.

Wir können nicht annehmen, auch wenn der biblische
Bericht nichts davon erwähnt, daß Isaak je hätte vergessen können, daß auf Gottes Befehl über dem Haupt

des Knaben einmal das Opfermesser in der Hand des Vaters gezückt war. So wenig das andere, daß sein Leben durch Gottes hier unsichtbares Eingreifen vom sicheren Tod herausgerettet und aufbewahrt wurde, um ihn zum Träger von Gottes weit ausschauender Verheißung zu machen. Er weiß sich als Sohn der Verheißung im besonderen Sinn und weiß, daß er sein Leben nur führen kann ganz nah bei dem, der es ihm aus dem Tod wieder gegeben. So empfängt er die Gefährtin, die dieses Leben mit ihm zu teilen und weiterzugeben von Gott bestimmt ist. Er weiß, es muß eine Frau sein, mit der er von dieser göttlichen Bestimmung reden kann und mit der er den lebendigen Herrn, den Gott seines Vaters Abraham, anbeten kann.

Rebekka sieht die Gestalt auf sich zukommen. Sie steigt der Sitte gemäß vom Kamel und verhüllt sich mit ihrem Schleier, nachdem sie vernommen, wer er sei. Der letzte Vers dieses einzigartigen Berichts beleuchtet ein Leben schönster Harmonie, ja mehr als das, es spricht daraus eine tiefe innere Zusammengehörigkeit dieser zwei Menschen, die von Gott selbst zusammengeführt waren zu ihrer hohen Bestimmung, dem Messias den Weg zu bereiten in dieser irdischen Welt. In einer innersten Verbundenheit des Herzens und Geistes haben Isaak und Rebekka in den ersten zwanzig Jahren ihrer Ehe alles miteinander geteilt, Liebes und Leides. „Isaak aber führte sie in das Zelt seiner verstorbenen Mutter Sarah und nahm Rebekka auf: sie wurde seine Frau, und er gewann sie lieb. So tröstete sich Isaak nach dem Heimgang seiner Mutter" (1. Mose 24, 67). Dieser einzige Sohn seiner greisen Eltern hat mit besonderer Innigkeit an seiner Mutter gehangen. Es liegt eine Welt voll Liebe in diesem einen Satz. Die rechte Frau ist immer Mutter zugleich. Darum kann auch nur sie und nicht der Vater über den Heimgang der eigenen Mutter trösten.

Und dann kommt die Krise in dem Leben der Ehegatten. Sie beginnt, wie so oft, wenn die Kinder heranwachsen. – Nach zwanzig Jahren kinderloser Ehe erhört Gott die Bitten Isaaks für seine Frau. Da wird dieser die göttliche Botschaft geoffenbart: „Zwei Völker sind in deinem Schoß, und zwei Volksstämme werden sich aus deinem Leibe scheiden; der eine Stamm wird stärker sein als der andere, und der Ältere soll dem Jüngeren dienen." Meistens ist es die Frau, die solch ein Wort treuer im Herzen verwahrt als der Mann. Es ist ja unmöglich, anzunehmen, daß Isaak, der so stark mit seinem Gebet auch innerlich mitbeteiligt war, von diesem Gotteswort nichts gewußt haben soll. Doch ist es die Mutter, die das Wort tief im Herzen verbirgt und mit ganzer Seele auf seine Erfüllung wartet. Ihre Vorliebe für Jakob ist darum nicht einfach psychologisch zu werten, als ob der „stille Mann, der in Zelten wohnte", als der Weichere, mehr an der Mutter gehangen habe. War Rebekka einst in ihrer Jugend mit raschem Entschluß von heute auf morgen dem fremden Mann in das ferne, unbekannte Land gefolgt, so war sie nicht weich und ängstlicher Art. Ihrem natürlichen Wesen nach mußte ihr Esau, der Jäger, nicht so fern gelegen haben. Aus dem ganzen Zusammenhang dieses reichen Frauenlebens wird vielmehr ein anderes deutlich. Reicht das nicht bis zu jenem Tag zurück, als der seltsame Fremdling vor ihr dort an den Toren der Stadt der Mondgöttin, vor Haran stand? Und wie er so frei und ehrerbietig von dem Gott Abrahams, seines Herrn, Bekenntnis ablegt und in der Zucht eines unter Gott Stehenden seinen Auftrag ausrichtet und keine Stunde länger als not war dort bleibt, wo die religiöse Welt mit der Welt der Kunst, des Geschäftsgeistes und des Geizes, mit der Welt der Diesseitigkeit einen Bund geschlossen hatte. In Elieser war Rebekka die andere Welt begegnet, die Welt Abrahams, die Welt des Glaubens. Vom Sieg über die Feinde hatte der Segensspruch gelautet, den die Ihren ihr mitgegeben hatten. Hatte ihr nicht Gott selbst geoffenbart, daß Völker und Stämme von ihr kommen sollten und daß der Ältere dem Jüngeren dienen werde? Mußte sie nicht alles tun, was in ihren Kräften lag, daß Gottes Wille zur Erfüllung kommen könnte? Und gerade da beginnt der Weg dieser Frau abzugleiten, die Gott eines direkten Wortes gewürdigt hatte. Sie meint, sie muß Gott nachhelfen.

Und wieder ist es die Lüge, die in erschreckendem Maße hier Mutter und Sohn verbindet gegen den Vater. Diesem war das Gotteswort entschwunden. Hatte er es nicht ganz ernst genommen? Der betende Mann bleibt nicht beim Wort und muß von Gott auf schmähliche Weise gezwungen werden, doch noch den Willen Gottes zu erfüllen. Und die für Gottes Gedanken so aufgeschlossene Frau bleibt nicht bei der Wahrheit, weil sie im Geist beginnend, im Fleisch vollendend (Gal. 3, 3) Gottes Zeit nicht abwarten kann und selbst die Zügel in die Hand nimmt, um ihres Sohnes Leben zu regieren. Mit unerhörter Energie heckt sie einen völlig abwegigen Plan aus, der geradezu ins Unheimliche sich steigert, als sie den Sohn, dessen Gewissen bei diesem Betrug zu schlagen beginnt, mit den Worten beruhigt: „Der Fluch, der dich treffen könnte, komme über mich, mein Sohn! Folge du meinem Rat. Geh und hole mir die Böckchen" (1. Mose 27, 13). So betrügt sie den Gatten, der sie liebt und den sie liebt, dem sie

einst mütterlichen Trost und demütige Frauenliebe bezeugt hatte, den Mann, der für sie gebetet und damit
Priesterdienst für sie getan hatte vor Gott, aber auch
den Mann, der mit ihr zusammen den Philisterkönig
Abimelech angelogen hatte in derselben Weise, wie einst
seine Eltern es zweimal getan hatten. Die große Schönheit Rebekkas ließ ihn die Wahrheit verleugnen: „Sie
ist meine Schwester", sagte er denen, die nach ihr frag-
ten, „denn", dachte er, „es könnten sonst die Leute des
Ortes mich um Rebekkas willen ums Leben bringen;
sie ist ja von großer Schönheit." Wenn aber zwei sich
zusammentun, einen dritten zu belügen, müssen sie sich
nicht wundern, wenn sie sich eines Tages auch gegensei-
tig belügen!

Das Grausige an diesem Betrug Rebekkas aber ist, daß
es der eigene Mann ist, an dem sie sich so vergeht,
der blind und hochbetagt ihrer Fürsorge überlassen ist;
und daß sie dadurch dem eigenen Sohn ein so erbärm-
liches Beispiel gibt als Mutter und Hüterin des Glaubens und der Frömmigkeit; und nicht zuletzt, daß es
ein Schritt zur Verwirklichung des Heilsplans Gottes
ist, den sie damit zu tun meint und auch wirklich tut!
Wahrhaftig, unser Gott ist ein sehr verborgener Gott,
und seine Gedanken sind dem menschlichen Verstand
unerreichbar. Das Gemeinste nimmt Gott und macht
das Köstlichste daraus, Sünde und Teufel läßt er seine
Diener sein, wie denn Luther sagt: „Der Teufel ist Gottes Teufel."

Wir hören nichts von einer Buße Rebekkas, auch nichts
von einer Versöhnung mit Isaak. Nur das eine geht
aus der Geschichte hervor, daß Mutter und Sohn sich
nicht mehr wiedergesehen haben. In der Profangeschich-

te würde man hier von Tragik reden. Das ist in der Heilsgeschichte anders. Da verschwinden die persönlich menschlichen Züge und nur das eine bleibt, was Gott benützt, um sein Heil zu schaffen. So wird im Hebräerbrief Kapitel 11 sogar bei dieser Tat des Segnens, die nun wirklich ganz gegen Isaaks Willen und unter – menschlich gesehen – unwürdigen Umständen geschieht, das Zeugnis ausgesprochen: „Durch den Glauben segnete Isaak von den zukünftigen Dingen den Jakob und Esau" (Hebr. 11, 20). Nicht durch seinen guten, treuen Willen, nicht in seinem reinen Eifer für Gott, aber „durch Glauben". Auch wenn es Isaak entschwunden war, daß der Erstgeburtssegen dem Jüngeren gehören sollte, so hatte er doch an seinem Priesteramt festgehalten, und segnend bleibt er bei allem Versagen der im Glauben Handelnde.

Rebekka hatte einen anfänglich guten, frommen Eifer – und wo endet sie? Nichts ist gefährlicher für den Glauben als das Gemisch von eigenem Wollen und Eifer und der geistlichen Erkenntnis von Gottes Willen. Da ist Rebekka gestrauchelt. Wir aber beugen uns vor dem Wort unseres Gottes, der all unser menschliches Eifern und Rennen so von Grund aus vereitelt und uns in der Schule des Heiligen Geistes lehrt, was Glauben heißt.

Du willst dein Werk nicht auf Gesetze bauen,
so die Vernunft und gute Meinung stellt;
du kannst den Knoten mit dem Schwert zerhauen
und sanft auflösen, wie es dir gefällt.
Du reißest wohl die stärksten Band entzwei;
was sich entgegensetzt, muß sinken hin;
ein Wort bricht oft den allerhärtesten Sinn:
dann geht dein Fuß auch durch Umwege frei.

Was unsre Klugheit will zusammenfügen,
teilt dein Verstand in Ost und Westen aus;
was mancher unter Joch und Last will biegen,
setzt deine Hand frei an der Sterne Haus.
Die Welt zerreißt, und du verknüpfst in Kraft;
sie bricht, du baust; sie baut, du reißest ein;
ihr Glanz muß dir ein dunkler Schatten sein;
dein Geist bei Toten Kraft und Leben schafft.

Du kennst, o Vater, wohl das schwache Wesen,
die Unmacht und der Sinne Unverstand;
man kann uns fast an unsrer Stirne lesen,
wie es um schwache Kinder sei bewandt.
Drum greifst du zu und hältst und trägest sie,
brauchst Vaterrecht und zeigest Muttertreu;
wo niemand meint, daß etwas deine sei,
da hegst du deine Schaf und läßt sie nie.

Also gehst du nicht die gemeinen Wege,
dein Fuß wird selten öffentlich gesehen,
damit du sehst, was sich im Herzen rege,
wenn du in Dunkelheit mit uns willst gehn.
Das Widerspiel legst du vor Augen dar
von dem, was du in deinem Sinne hast;
wer meint, er habe deinen Rat gefaßt,
der wird am End ein andres oft gewahr.

Gottfried Arnold, 1666–1714

Mirjam –
die Schwester des Propheten

Mirjam, die Prophetin – so heißt es 2. Mose 15, 20, und der Prophet Micha berichtet das seltsame Wort: „Ich habe vor dir hergesandt Mose, Aaron und Mirjam" (Kap. 6, 4).

Das erste, was uns von ihr erzählt wird, ist jene liebliche Geschichte am Nil.

Schwer lastet auf dem Volk Israel der Spruch des grausamen Königs der Ägypter. Alle Knaben sollen getötet werden gleich bei der Geburt, hatte Pharao gesagt. Da war viel Wehklagen im Lande Gosen, als die israelitischen Mütter ihre Knäblein beweinten. Im Hause Amrams und Jochebeds aus dem Stamm Levi (2. Mose 2; Hebr. 11, 23 ff.) war zu Aaron, dem Erstgeborenen, ein zweites Knäblein geboren. Voll Glaubensmut beschließen die Eltern, ihre Tochter Mirjam mit einem Binsenkörbchen, darin sie den kleinen Mose bargen, an den Nil zu schicken. Und Gott erhört das Vertrauen seiner Gläubigen. Die Tochter Pharaos, die zum Baden an den Fluß kommt, sieht das wunderfeine Kindlein, und ihr Herz erbarmt sich über dasselbe. Da tritt Mirjam hervor und wacht über das Leben ihres Bruders und schlägt der Königstochter vor, daß sie eine der hebräischen Frauen holen dürfe, um das Kindlein zu versorgen. Und wen holt sie da? Des Knaben eigene Mutter. Sicher hat dies Erleben eine entscheidende Wirkung gehabt für das Leben der Schwester.

Doch Mirjam war nicht nur die Schwester des großen Mannes Mose. Auch sie selbst war von Gott gerufen: „vorhergesandt vor dem Volk mit Mose und Aaron." Und so ist es nichts Erstaunliches, daß wir ihr an dem Tag der Siegesfeier nach dem Durchzug durch das Rote Meer wieder begegnen (2. Mose 15). Als Mose das herrliche Lied der Errettung singt, das wir in der Offenbarung des Johannes (Kap. 15, 3) wiederfinden, dem Lied des Lammes gleichgestellt als das neue Lied der Erlösung, da nimmt Mirjam, die Prophetin, die Pauke in die Hand und singt, gefolgt von den Frauen und Töchtern Israels, den Chor des Liedes mit. Da ist keine Menschenverherrlichung, nicht *einmal* kommt der Name des Mose vor in dem ganzen Lied: „Laßt uns dem *Herrn* singen, denn *er* hat eine herrliche Tat getan." Und keiner wehrt der Frau, als tue sie etwas Unschickliches, daß alle Frauen ihr folgen im großen Zug. Gott hat sie gesandt, beauftragt und legitimiert. Und so geht sie, in Demut ihre Würde hüllend, und erfüllt ihren Auftrag innerhalb der Gemeinde Gottes an den Frauen ihres Volkes. Wohl dem Volk, das solche Frauen hat und das ihren Dienst begehrt und achtet! Und so wird Mirjam eine von denen, die Jesus dient; denn ihr Lied preist den, der sein Volk errettet und erlöst hat, Christus, den Sohn Gottes (1. Kor. 10, 1–9).

Nur als eine, die selbst an der Erlösung teilhat, vermag Mirjam das Lied Moses zu singen und ihre Schwestern zu lehren. Unter der Wolken- und Feuersäule geborgen ist sie, ein Glied der bluterkauften Gottesgemeinde (2. Mose 12), mit dieser durch das Meer hindurchgegangen (2. Mose 14; 1. Kor. 10). Mit wachem Geist und einem für Gottes Größe aufgeschlossenen Herzen hat sie die Wunder Gottes erlebt. Anbetend hat sie vor der Herrlichkeit des verborgenen Gottes auf dem Felsen am Horeb (2. Mose 17, 6) gestanden. „Der Fels aber war Christus", sagt Paulus den Gläubigen der neutestamentlichen Gemeinde in 1. Kor. 10, 4! Der Lobpreis der Erlösung, der herrlichen Taten Gottes (2. Mose 15, 21), das ist das Lied des Lammes, das Mose singt. Größer als die Schöpfung ist die Tat der Erlösung, die die Vollendung in sich trägt. Mirjam kommt aus Ägypten, dem „Elendsofen", wie die Propheten später sagten. Sie hat mitten drin gestanden in der ausweglosen Not eines versklavten Volkes, sie war dabei, als das Volk seinen Führer, ihren großen Bruder, Mose, nicht hört „vor Seufzen und Angst und vor harter Arbeit" (2. Mose 6, 9). Sie wußte aber auch, daß die Sünde der Leute Verderben ist. Gewiß ahnte sie in der Passahnacht etwas von den Wegen des Heils, die Gott Mose hat wissen lassen (Ps. 103, 7; Luk. 9, 31). Das alles klingt durch in dem Lied von den herrlichen Taten Gottes. Es ist ein helles Zeugnis von dem Glaubensmut dieser Frau, das uns hier in diesem Lied aus den ersten Jahrtausenden der Menschheitsgeschichte aufbewahrt ist. Der Schlüssel zu Moses Lied ist das Kreuz, an dem die Erlösung, das Heil, vollbracht ist für alle Ewigkeit. Erst dann wird Gottes Tat als eine wahrhaft „herrliche Tat" vor den Menschen bezeugt, wenn eine Schar Erlöster da ist, die Gott dadurch verherrlicht, daß sie ihm ganz zur Verfügung steht, damit Gottes Ebenbild wieder zur Ausgestaltung kommen kann (Röm. 8, 29). Dann ist im tiefsten Sinn erfüllt und offenbart, was Mose in Vers 17 singt: „Du wirst sie bringen und pflanzen auf dem Berg deines Erbteils, die Stätte, die du, Jehova, zu deiner Wohnung gemacht, das Heiligtum, Herr, das deine Hände bereitet haben." „Das Heiligtum, das deine Hände bereitet haben", ist im Lichte des Kreuzes „die

Gemeinde des lebendigen Gottes" (1. Tim. 3, 15). Dahin
wird er seine Erlösten bringen. Darum wird auch
das Lied der Mirjam zusammen mit dem Lied des Lammes vor Gottes Thron von den Erlösten gesungen
(Offb. 15, 3).

Aber auch eine Mirjam muß im Glauben geprüft und
im Gehorsam erprobt werden. Und der Tag der Probe
kam, und sie hat nicht bestanden. Die Versuchung war
groß, und beide, Aaron, der Priester, und Mirjam, die
Prophetin, sind erlegen. Die Ehe des großen Bruders
mit einer Mohrin gab den Anstoß zur Empörung gegen
ihn. Maßte er sich nun an, der alleinige Gottesgesandte
zu sein? Redet Gott nicht auch mit uns, Aaron und
Mirjam? Da bricht Gott aus seiner Verborgenheit hervor. „Mein Knecht Mose", so nennt er ihn, „der in
meinem ganzen Hause treu ist. Mündlich rede ich mit
ihm, und er sieht den Herrn in seiner Gestalt, nicht
durch dunkle Worte oder Gleichnisse. Warum habt ihr
euch nicht gefürchtet, wider meinen Knecht Mose zu
reden?" Mose hatte nichts erwidert, als die Anklagen
gegen ihn geschleudert kamen; er war nicht nur der
geplagteste, er war auch der sanftmütigste Mann auf
Erden, sagt der biblische Bericht von ihm. Er hatte
gelernt, den starken Willen und das heiß wallende Blut
zu zähmen und unter Gott zu halten. Nun redet Gott
für ihn. Die Strafe Gottes fällt auf Mirjam, und als
eine von Gott mit Aussatz Gezeichnete muß sie das
Lager verlassen nach den Gesetzen. Wie bei Eva ist
in Mirjam die bittere Wurzel der Unzufriedenheit und
Auflehnung zuerst aufgegangen. Aaron wird mit hin-
eingezogen und vergißt – wie einst Adam – seines
Priesteramtes. Da ist es Mose, der inbrünstig zu Gott
fleht, er möge das Unheil wenden und Mirjam helfen.

Das ganze Volk wird in seinem Zug aufgehalten um der einen Frau willen, so ernst nimmt Gott die Sünde seiner Kinder, seiner Boten. Und so schwer ist die Verantwortung für die, die Gottes Botschaft auszurichten haben, daß die ganze Gemeinde unter ihrer Sünde leiden muß und aufgehalten wird. Und Mirjam wird frei vom Aussatz. Gott hat sie nicht als Richter, sondern als Vater gestraft und sie wieder freundlich angesehen und geheilt (4. Mose 12, 14).

Groß steht dies Frauenleben vor uns, groß in seiner Schuld und groß in der ihm anvertrauten Gottesgabe. Da ist nichts von der weichlichen Gefühligkeit, die Gottes Sendboten in den Himmel hebt und ihre Namen erhöht und so Gott seine Ehre raubt. In zuchtvoller Nüchternheit hat sie Gott als den Retter gepriesen und Menschennamen zurückgestellt und wenn es der eigene Bruder war, dessen Ruhm die Familie erhöhen konnte.

In der Urchristenheit wird Mirjam als mit dem Heiligen Geist erfüllt genannt mit den anderen Prophetinnen, wie wir aus dem Weihegebet der Diakonissen aus den apostolischen Konstitutionen wissen, das schon im 4. Jahrhundert gebraucht wurde.[20] „Ewiger Gott, du Schöpfer des Mannes und des Weibes, der du Mirjam und Debora und Hanna und Hulda mit dem Heiligen Geist erfüllt und es nicht verschmäht hast, deinen eingeborenen Sohn von einem Weibe geboren werden zu lassen; der du auch in der Hütte des Zeugnisses und im

20 (Gottesdienstordnung des ev.-luth. Diakonissenhauses, Neuendettelsau.) Ebenso in Wilhelm Löhes Leben (Gütersloh, Bertelsmann, 1829), Band III, Seite 214 ff. Dieser III. Band ist heute noch eine Fundgrube für Löhes tiefe und eigenartige Gedanken über die Stellung der Frau innerhalb der Gemeinde nach der Heiligen Schrift.

Tempel Wächterinnen deiner heiligen Pforten erwählt hast; siehe doch auf diese deine Magd, die zum Dienst verordnet wird, und gib ihr den Heiligen Geist und reinige sie von aller Befleckung des Fleisches und Geistes, auf daß sie würdiglich vollstrecke das ihr aufgetragene Werk zu deiner Ehre und zum Lobe deines Christus, mit welchem dir sei Ehre und Anbetung samt dem Heiligen Geiste in alle Ewigkeit."

Deborah –
eine Mutter in Israel

Auf dem Gebirge Ephraim unter der Debora-Palme lebte die Prophetin. So wie wir heute viereinhalb Jahrhunderte zurückschauen auf die gewaltige Zeit der Reformation, so schaute Israel in ähnlich bedrängter Lage zur Zeit der Richter zurück auf jene Zeit, da Jakob unter der Eiche bei Sichem alle Götzen verbrennen ließ und sein Haus von aller Abgötterei reinigte, ehe er den Altar zu Beth-El baute und an seines Vaters Stelle die Gottesanbetung im Heidenland verkündigte. Denn auch in Sems Haus war die Anbetung anderer Götter eingedrungen (Jos. 24, 2; 1. Mose 31, 19; 35, 2). Ohne diese Reform konnte Jakob nicht zurückkehren. Dort war, nicht weit von der Prophetin Haus, die greise Pflegerin Rebekkas und ihres Sohnes, des Patriarchen Jakob, auch eine Debora, unter einer Eiche begraben. Ein Ort heiliger Erinnerung für das ganze Volk.

Hundert Jahre sind vergangen, seit Josua, der treue Knecht Gottes und heldenhafte Führer des Volkes, die Augen geschlossen hat. Nach ihm und den Ältesten des Volkes, die noch alle die großen Taten gesehen hatten, die der Herr für Israel vollbracht hatte, war ein anderes Geschlecht aufgekommen, das nichts mehr vom Herrn und seinen Wundertaten wußte. Und doch war noch ein Grund der Gottesfurcht vorhanden, das zeigt die Geschichte der Naemi und der Ruth, das blitzt in all der Dunkelheit der Richterzeit immer wieder auf, wenn Gott seine Boten schickt und das Volk zur Buße rufen läßt (Richter 2, 1. 5; 6, 13) oder einen menschlichen Boten erweckt, das verängstete Volk zu führen. In keiner Zeit des Volkes Israel wird es so handgreiflich deutlich, was beinahe tausend Jahre später dem assyrischen Oberfeldherrn über die Juden gesagt wird, als er nach dem Geheimnis dieses ungewöhnlichen Volkes fragt: „... niemand konnte diesem Volk Schaden tun, als allein wenn es abwich von den Geboten des Herrn, seines Gottes. Denn so oft sie außer dem Herrn einen anderen Gott anbeteten, wurden sie erschlagen und weggeführt mit allen Schanden. So oft es sie aber reute, daß sie abgewichen waren von den Geboten ihres Gottes, gab ihnen der Gott des Himmels wiederum Sieg wider ihre Feinde ... und es ging ihnen wohl, solange sie sich nicht versündigten an ihrem Gott, denn ihr Gott haßt das Unrecht" (Judith 5, 15–17. 19. 22. 23). Sind sie ihrem Gott gehorsam, dann liegt die „Furcht Gottes" über den Heiden (1. Mose 35, 5; 2. Mose 15, 16; 5. Mose 11, 25; 1. Chron. 14, 17; 2. Chron. 14, 13; 17, 10; 20, 29) und es kann ihnen kein Haar gekrümmt werden. Israels Geheimnis ist sein Gott. Ägypten hatte seine Weisheit. Babylon und Assyrien hatten ihre Macht. Israel hatte seinen Gott.

Bitter rächt sich die Glaubenslosigkeit und der Ungehorsam der Väter, die es nicht wagten, dem Wort des Herrn völlig zu vertrauen und das Land, das er ihnen durch Josua gegeben und zugeteilt hatte, nun auch wirklich in Besitz zu nehmen (Josua 23, 13; Richter 2; 4. Mose 35, 55; 5. Mose 7, 16ff.).

Israel sollte sich nicht mit den Heiden vermischen, um nicht deren Götzendienst anzunehmen. Immer wieder kehrt in Richter 1 und 2 derselbe Satz: „... und vertrieben sie nicht . . ." Israel ist Jahwes bluterkauftes Eigentum (2. Mose 12). Durch dieses Volk will er die ganze Völkerwelt dahin bringen, daß sie merken soll: Jahwe ist der lebendige, der einzige Gott. Und als der Sohn Gottes Mensch wurde, hatte Israel keinen Götzen mehr im ganzen Land. In keinem anderen Volk wäre das möglich gewesen, daß Jesus nicht als Halbgott verehrt, sondern als Gotteslästerer gekreuzigt wurde. Jahrhunderte mühevoller Arbeit bedurfte es, bis Gott sein Volk dahin gebracht hatte (Jes. 43, 24). Zur Zeit Deboras war es am dunkelsten. Man nimmt an, daß Samuel damals ein Knabe war. Und von dieser Zeit sagt der biblische Bericht: „Das Wort Jahwes war selten" (1. Sam. 3, 1). Die Strikke und Fesseln, von denen Mose und Josua gesagt hatten, sind da, überall im ganzen Land, und das Volk bekommt es grausam zu spüren (Richter 2, 3). Und immer, wenn es in der bittersten Not weinend zu Gott fleht, dann hört er es in nimmermüder Geduld und schickt ihm einen Retter. Und solange dieser „Heiland" (Richter 3, 9. 15; Nehemia 9, 26ff.) lebt und es richtet, bleibt das Volk seinem Gott treu und verläßt die fremden Götter. Tausendfaches Klagen und herzzerreißendes Flehen steigt aus den Herzen der Gequälten auf. Ist keiner da, der es hört? Hat Gott sie nicht selbst in die Hand ihrer Feinde verkauft (Richter 4, 2)? Ach, es ist ja immer dasselbe Herzeleid zu allen Zeiten bis heute, wie der Prophet Jeremia sagt (Jeremia 2, 19): „Also mußt du inne werden und erfahren, was es für Jammer und Herzeleid bringt, den Herrn, deinen Gott verlassen und ihn nicht fürchten, spricht der Herr, Herr Zebaoth." Und Gottes Vaterherz verschließt sich nicht der Not. Er erweckt einer Frau das Herz.

Oben im Gebirge unter der Palme, da schlägt ein Mut-

terherz, Debora, die „Mutter in Israel" (Richter 5, 7).
Sie hilft, sie tröstet, sie gibt Rat und weist zurecht.
Sie kommen hinauf zu ihr ins Gebirge, unzählige Scharen. Es ist so, wie Mose, der Mann Gottes, es schon
gesagt hatte: „Wenn eine Sache vor Gericht dir zu
schwer sein wird, ... und was Streitsachen sind in deinen Toren, so sollst du dich aufmachen und hinaufge-
hen zu der Stätte, die der Herr, dein Gott, erwählen
wird, und zu den Priestern, den Leviten und zu dem
Richter, der zur Zeit sein wird, kommen und fragen;
die sollen dir das Urteil sprechen" (5. Mose 17, 8. 9).
Da wird der Jammer zu groß. Und das Ohr der an
Gottes Reden geübten Frau vernimmt den Ruf der Hilfe. Es ist nicht das Seelische, die Not nicht mehr Mit-
ansehen-können, das sie treibt, das überwallende Gefühl
der Enthusiastin! Es ist der nüchterne Gehorsam einer
Magd des Herrn. Das zeigt schon der vernünftige Weg,
den sie beschreitet. Da ist Barak, der soll das Volk
in die Schlacht führen. Schlicht und ohne jeden Über-
schwang der Gefühle läßt sie Barak die Botschaft aus-
richten, die Gott ihr für ihn gegeben hat. Gott selbst
wird ihm den mächtigen Feind zuführen und in seine
Hände geben. Es ist Gottes Schlacht. Barak hat nur
zu gehorchen. Und er gehorcht, denn auch in Barak
wirkt der Geist Gottes. Und so erkennt er nach dem
Maß des Glaubens, das ihm gegeben ist, daß Gottes
Geist aus Debora zu ihm redet und wie weit diese Frau
ihn an Glaubensstärke überragt. Er sieht, Gott ist mit
der Prophetin. Durch sie redet Gott und sie hört und
versteht ihn. Da bittet er: „Wenn du mit mir gehst,
will ich gehen!" Und sie geht mit in die Schlacht.

Gottes Hilfe ist nicht von der Menschen Bereitschaft
und Eignung abhängig. Gott handelt, wenn seine Zeit

da ist, und wenn zu der Stunde, da er mit seiner Hilfe kommt, der Mann, der Starke, der etwas vor der Welt gilt, nicht willig ist, dann ist es ihm nicht zu gering, auch eine schwache Frau zu ergreifen und sie Tausenden zur Rettung zu setzen. Und keiner wagt, sich dagegen zu stellen oder zu spotten. Und das Wundersame ist, im Reich Gottes gibt es keine Sensationen, wenn Gott handelt, und wenn sein Handeln noch so wunderlich und außergewöhnlich ist. Seine Wege sind immer gebahnte Wege und „alles, was er tut, ist recht". Und wenn ein Mensch zum Gehorsam bereit ist, kann er auch alles, was Anstoß oder Unwillen bei den andern erregen könnte, getrost dem Herrn überlassen, dem er dient. „Wenn jemands Wege dem Herrn wohl gefallen, so macht er auch seine Feinde mit ihm zufrieden" (Sprüche Salomo 16, 7).

Mit der göttlichen Einfalt der Heiligen schaut Debora geradeaus ohne Seitenblick, allein auf Gott. Für sich selbst sucht sie keine Ehre dabei, auch nicht für den Mann, dem sie Gottes Auftrag zu sagen hat. So entgeht sie der Gefahr, der so viele Frauen erliegen, die aus dem eigenen Gatten oder dem Mitarbeiter einen Abgott machen. Nein, Gott allein ist zu preisen! Sein ist die Schlacht, sein ist der Sieg und sein die Ehre!

Und nun hören wir von Debora nur noch das Lied, das sie gesungen hat (Richter 5), und wenn es auch Barak mitgesungen hat, so ist es doch der Debora Lied. Wir sehen ihr da ins Herz und erkennen die Tiefe und Höhe des großen Geistes, der, von Gottes Wort genährt, eine Weitschaft erkennen läßt, die nicht oft zu finden ist. Vielleicht hat jener Ausleger[21] recht, der in den

21 Stosch, Alttestamentliche Studien. Gütersloh.

Schlußversen dieses wunderbaren Liedes den Ausgangspunkt zu dem Verständnis für die spürbare innere Erregung, gepaart mit heiliger Begeisterung, bei dieser seltenen Frau zu sehen meint. Wenn dem wirklich so ist – und wer will das biblisch widerlegen – dann fällt allerdings von hier aus ein warmes, helles Licht nicht nur auf die Bedeutung dieser Frau, sondern auch auf unsere eigene heutige Lage mit seiner himmelschreienden Frauennot.

„Eine Mutter in Israel", so nennt sie sich selbst im Anfang ihres Liedes (Vers 7). Was bewegt das Herz dieser Mutter in seinen Tiefen, daß sie blitzschnell und in seiner ganzen Tragweite den Befehl ihres Gottes zum Aufbruch erfassen kann? Wir sehen sie mit glühendem Herzen und starker, gebetsgeübter Hand und mit einem an den Gedanken Gottes gestählten Verstand den Auftrag weitergeben, so klar und so befehlsgewaltig, daß der Mann, den Gott durch sie rufen läßt, bei all seiner Zaghaftigkeit keine direkte Entgegnung wagt.

Wenn ein Volk zerbricht, dann zerbrechen zuerst seine Frauen. Geschändet, entehrt, so sieht diese Mutter ihre Töchter preisgegeben (Vers 30), als Kriegsbeute verschachert! Es sind die Mutter des Oberbefehlshabers des feindlichen Heeres und dessen Gemahlinnen, die die Prophetin im Zwiegespräch reden läßt. Der Gegenstand, den sie verhandeln, sind die Töchter ihres eigenen Volkes, in dem Schändung mit Todesstrafe geahndet wurde.

Ihr Mutterherz blutet, ihre Frauenehre bäumt sich auf. Vielleicht dürfen wir auch die für unser Empfinden befremdende Ehrung der grausigen Tat der Jael von hier aus zu verstehen suchen. Dabei darf man aber nicht vergessen, daß im Alten Testament das Volk Gottes bei der Besitzergreifung des heiligen Landes eine andere Aufgabe hat als im Neuen Testament, nämlich Werkzeug des Gerichtes für die Völkerwelt zu sein. Und dazu gehört, daß da, wo der Mann die Frau mit Füßen tritt, Gott zuweilen auch einer Frau den furchtbaren Dienst auferlegt, die göttliche Rache auszuüben, mit all dem Entsetzlichen an Kriegslist und Gemeinheit, was damit verbunden ist. Heber, der Mann der Jael, will es nicht verderben mit dem Gewaltigen, mit dem er nicht im Kriegsverhältnis steht. Er hält sich heraus aus dem Streit und überläßt der Frau das Handeln. Israel, wo bist du hingeraten durch deine eigene Schuld! Dieses Buhlen um fremde Götter, diese schwächliche Duldsamkeit mit den götzendienerischen Völkern Kanaans, die ohne Ausnahme alle hätten ausgerottet werden müssen! Schon zu Abraham hatte Gott gesagt, daß nach vierhundert Jahren seinen Nachkommen das Land Kanaan gegeben würde und nicht eher, denn erst dann sei die Schuld der Kanaaniter voll, das Maß ihrer Gottlosigkeit erfüllt. Und da hatten sie versagt. Stamm für Stamm war da schuldig geworden. Debora weiß sehr wohl um die Geschichte ihres Volkes. Darin liegt ihre unwiderstehliche Vollmacht, daß sie Gottes Wort kennt und seinem Wort glaubt. Und als Frau sieht sie die Schmach ihres Volkes, das seine Frauen preisgibt und darum keine Männer hat.

„Wo seid ihr geblieben, ihr Männer von Asser?" ruft sie ihnen zu, „von Dan und Gilead, warum bleibt ihr sitzen in Ruhe und Gemächlichkeit, wenn eure Brüder ihre Seele in den Tod wagen?" Furchtlos redet sie den Männern ins Gewissen, während sie gleichzeitig den

Mut und den Glaubenseifer der Helden rühmt. Ja, sie scheut sich nicht, den geheimen Hochmut Rubens bloßzustellen: „Warum bliebest du zwischen den Hürden, das Flöten bei den Herden zu hören? An den Bächen Rubens waren große Beratungen" (Richter 5, 16). Große Reden — wenig Taten. Warum ist Ruben nicht dabei? Obgleich der Erstgeborene, hat er doch nicht die Führerschaft bekommen. Er hatte sich schwer an seinem Vater vergangen (1. Mose 35, 22; 49, 4) und wurde deshalb von Gott zurückgesetzt. Nun will er das vorenthaltene Recht mit Gewalt an sich reißen in verzehrendem Ehrgeiz. Debora weiß, es ist nicht das erstemal, daß Ruben „hoch von sich denkt". Waren es doch Rubens Söhne Dathan und Abiram, die mit der Rotte Korah eben aus demselben Grunde des Hochmutes von dem Erdboden verschlungen wurden zu Moses Zeiten (4. Mose 16). Sie kennt die Gottesgeschichte, das Gottesgericht und die Verheißung ihres Gottes. Sie weiß, daß denen, die Gott lieben, die Vollmacht aus Gnaden geschenkt wird, die der Hochmütige in dem Bewußtsein seines natürlichen Standes und der Träge und Ungehorsame in seinem Paktieren mit den Feinden an sich zu reißen sucht.

Ganz neutestamentlich mutet uns das letzte Wort von der göttlichen Vollmacht an, die er denen gibt, die ihn lieben. Da ist aus dem Eifer der Helden, der Willigen, die sie am Anfang des Liedes preist, etwas ganz ungeahnt Großes geworden: Menschen, die Gott lieben. Kann man diesen furchtbaren Gott lieben, der Menschen hinmäht wie Gras, der Völker dem Verderben preisgibt? Eine seltene Kraft der Erkenntnis offenbart dieses einzigartige Lied. So wie auch die Trägerin der Gottesbotschaft, die es gesungen hat, weit emporragt unter all den Richtergestalten. Selbst ein Gideon, dessen Leben mit solcher Ausführlichkeit beschrieben ist, reicht in seiner geistlichen Kraft und Erkenntnis bei weitem nicht an Debora heran.

Die drei Gesänge, von denen Luther so besonders hoch denkt, sind das Lied der Debora (Richter 5), der Lobgesang der Hanna (1. Sam. 2) und das Magnifikat (Luk. 1). Die Frauen, von denen diese herrlichen Lieder stammen, haben ihren Glauben aus der Schrift genährt. Ihr Glaubensgut geht auf Mose zurück, den der Herr seine Wege hat wissen lassen (Ps. 103, 7). Sie gründen alle in dem gewaltigen ersten Gotteswort der Verheißung – auch einer Frau gesagt (1. Mose 3, 15)!

Darin liegt zunächst einmal die augenfällige Bestätigung des göttlichen Grundgesetzes, daß der Hohe und Erhabene auf das Niedrige und Verachtete sieht (Jesaja 57, 15), wie es auch Paulus im 1. Korintherbrief Kap. 1, 26–29 bekennt. Im „Gesang der drei Männer im feurigen Ofen" (Vers 31) steht das herrliche Wort: „Du sitzest über den Cherubim und siehest in die Tiefe", das Luther in seinem Magnifikat ausführt: „Wo ist ein solcher Gott wie der unsrige, der da sitzt in höchster Höhe und siehet doch herunter auf die Niedrigen, im Himmel und auf Erden? Denn dieweil er der Allerhöchste und nichts über ihm ist, kann er nicht über sich sehen, kann auch nicht neben sich sehen, dieweil ihm niemand gleich ist, muß er notwendig in sich selbst und unter sich sehen, und je tiefer jemand unter ihm ist, desto besser sieht er ihn."

In der Tiefe der Anfechtung ist den glaubensstarken Freunden Daniels eine Erkenntnis der Größe und Majestät Gottes zuteil geworden, wie sie in Ps. 80, 2 und 99, 1 nur angedeutet ist. Dort heißt es: „der du sitzest über den Cherubim." Aus der Hölle des feurigen Ofens aber erschallt das Lob: „und siehest in die Tiefe!" Das kann nur der bezeugen, der selbst in der Tiefe ist.

Doch nicht nur das Verachtete und Niedrige erwählt Gott zu seinem Werkzeug, es ist noch ein anderes, was uns im Lied dieser Frauen und gerade auch bei Debora entgegentritt. Sie leben in dem Wort und Werk ihres Gottes. Da ist ihre Heimat. Was Mose gelehrt hat, das ist ihnen tief ins Herz gedrungen. Man erkennt seine Gottesschau wieder in dem Lobpreis der Frauen. Und was schon 5. Mose 17, 19 geboten ist und bei Josua in Kapitel 1, Vers 7 und 8 uns als der Schlüssel zu dessen Leben des Gehorsams genannt wird, das spiegelt sich auch in Deboras Reden und Lehren wider: „Laß das Buch dieses Gesetzes nicht von deinem Munde kommen, sondern betrachte es Tag und Nacht ..." Das Zeugnis aber des Heiligen Geistes über diese „roh aus Holz geschnitzten Heiligen" der Richterzeit, wie Löhe sie nennt, lautet in Hebräer 11, 33 „... Gerechtigkeit gewirkt durch den Glauben ... Erfüllung von Verheißungen erlangt". Damit ist unwiderlegbar der Nachdruck auf das *Wort* gelegt. Der Glaube entsteht am Wort, und wenn er nicht am Wort bleibt, wird er zur Schwärmerei.

Auch die Ausrottung der Kanaaniter gründet sich allein auf das Wort Gottes und geht zurück auf den Noachitischen Segen (1. Mose 9, 26), der viel zu wenig beachtet wird im Völkerleben. Und Israel hält daran fest, auch als die Weltherrschaft der Hethiter und Phönizier noch unumstößlich erscheint. Die Totalität für diese Vernichtungsfeldzüge geht auf Gottes Wort zurück. Die Tiefe und Weite des 1. Gebotes hat Luther das Wort von dem »Ozean des ersten Gebotes« abgenötigt. Auf ihren Stirnen trugen die frommen, gesetzestreuen Juden in dem Gebetsriemen eingezeichnet diese Worte von 5. Mose 6, 4—9 und Kap. 11, 13—21. Unheimlich streng, ja mit dem Tode wurde der bestraft, der einen andern zum Götzendienst verführte (5. Mose 13, 7ff. und viele andere Stellen mehr). Es geht durch alle Blätter der Schrift das eine gewaltige „Ich bin – kein anderer neben mir". Und weil alles außer ihm wesenlos und ein Nichts ist, darum soll der nach Gottes Bild erschaffene Mensch seine Liebe, sein Herz an nichts anderes hängen und sich an keinen verlieren als an den lebendigen Gott. Nicht in sklavischer Unterwürfigkeit, nein, ein Volk, das ihm in heiliger Freiwilligkeit aus Liebe dient, das ist des großen, heiligen Gottes Wille und Ziel. Und er wird es erreichen, am Ende der Tage.

Es ist erstaunlich, wie oft schon im Alten Testament von Liebe Gott gegenüber geredet ist. Und immer als Antwort auf Gottes Liebe zum Menschen. Freiwillig dienen, das ist ein fürstliches Handeln. Das allein ist der Diener Gottes würdig!

Zweimal betont es die Prophetin, daß die Krieger willig waren, dem Ruf Gottes zu folgen (Richter 5, 2. 9). Groß ist ihre Freude darüber, daß nicht nur das Volk, sondern gerade auch seine Führer willig geworden waren. Debora weiß, daß hier die Wurzel der gegenwärtigen Not ihres armen, zertretenen Volkes liegt, daß die Führer so unwillig und säumig gewesen waren, das Land einzunehmen, das Gott ihnen durch Josua zuteilen ließ (Richter 1–3). So ist es nicht frauenhafte Überschwenglichkeit, sondern die im Leidtragen um ihr Volk gereifte Freude der Seelsorgerin, was im 9. Vers zum

Ausdruck kommt: „Mein Herz gehört den Gebietern in Israel, die ihr euch willig zeiget im Volk."

Gott hat wieder Führung in der führerlosen Zeit gegeben. Da sind wieder Menschen, die das Heil Gottes sehen, die wissen, wozu Israel berufen ist: daß Gottes Herrlichkeit auf dem ganzen Erdboden erkannt und gepriesen werde. Die Prophetin lobt Gott darüber, daß Gottes Ziel wieder gesehen wird, daß wieder erkannt wird, es sind Gottes Kriege und nicht der Menschen. Der Herr ist es, der vor Barak auszieht und die Feinde erschreckt (Richter 4, 14. 15). Es ist keine völkische Angelegenheit, es geht um Gottes Ehre ganz allein und um die Ehre seines Messias. Das Volk Israel ist von Gott dazu berufen wie kein anderes Volk, als Gottes Eigentum Werkzeug in Gottes Hand zu sein. In Jeremia 50, 23 und 51, 20 wird Babel der „Hammer der ganzen Welt" genannt, mit dem Gott Völker zertrümmert. Aber der Hammer wird weggeworfen, wenn Gott ihn ausgebraucht hat. Anders bei dem Volk Gottes. Da darf die Prophetin das wahrhaft kühne Wort aussprechen: „Sie sind dem Herrn nicht zu Hilfe gekommen" (Richter 5, 23). Eine geradezu unerhörte Situation: der Mensch kommt Gott zu Hilfe! Es gehört zum Wesen der alttestamentlichen Prophetie, daß die Schau weiter hinausgreift, als der Seher selbst weiß und erkennt. Wir berauben uns des Tiefsten, was Gott den Seinen in Christus geoffenbart hat, wenn wir an dem wunderbaren Geheimnis des Leibes Christi vorübergehen (Eph. 3, 3–11; Kol. 2, 2. 3). Haupt und Glieder, das ist mehr als ein Bild. Als bloßes Bild wäre es eine allzu kühne Vorstellung. Als Organismus der unsichtbaren Welt Gottes ist es über alle Vorstellung erhabene Wirklichkeit.

Vom Kreuz her fällt ein Lichtstrahl auf das unerhörte Wort der Prophetin. Wer Christus nicht kennt als den Schlüssel und Inhalt des Alten Testaments, den muß ein solches Wort als orientalische Übertreibung und poetische Ausschmückung anmuten. Im Licht des Kreuzes gesehen, bricht hier die Erkenntnis durch von einer ungeahnten Verbundenheit des Werkzeuges mit dem, der es gebraucht. Erst in dem Geheimnis des Leibes Christi, dessen Offenbarung dem Neuen Testament vorbehalten blieb, sehen wir die Erfüllung dieser Verbundenheit: Christus das Haupt – wir seine Glieder. Das Haupt ist im Himmel und braucht Hände und Füße auf Erden, durch die er sein Werk treibt. Nicht Engeln hat Christus dies heilige Geschäft anvertraut. Nein, sündigen Menschen, die er erlöst hat durch sein heiliges Blut und zu Gliedern seines Leibes erwählt hat. Dasselbe Blut kreist in Haupt und Gliedern. Größeres ist nicht auszudenken als diese Tatsache, die uns das Neue Testament bezeugt: daß Christus seine Reichspläne durch uns als seine Hände und Füße getan haben will; daß wir das Leid dieser Welt mit seinen Augen sehen und die Wunden unseres Volkes mit Christushänden anfassen und den zu Tode Betrübten und in tiefster Seele Angefochtenen Gottestrost in Vollmacht als Christusglieder bringen sollen und können.

Die Prophetin weiß, wieviel davon abhängt, daß gerade auch Ephraim willig geworden ist, der älteste Sohn Josephs, auf dem der Segen Gottes in besonderem Maße ruht (5. Mose 33, 17) und aus dem Josua hervorgegangen ist. Ja, in späteren Zeiten wird das ganze Volk von Gott mit diesem Namen der Liebe „Ephraim, mein teures Kind", angeredet (vgl. Prophet Hosea). Die Mutter des Volkes weiß aber auch, was Isaschars Willigkeit für den ganzen Feldzug bedeutet, denn die Segensverheißungen Moses, des Mannes Gottes, waren nicht vergessen (5. Mose 33, 18. 19). Auch der Segen des Patriarchen Jakob (1. Mose 49) lebte unvergessen fort in den Herzen dieser Stillen im Lande. Von den Kindern Isaschars aber berichtet die Geschichte aus der Zeit Davids, daß sie „Kenner des Rechtes und der Zeitereignisse waren" (1. Chron. 12, 32).

Debora vermag zu ermessen, was es bedeutet für das ganze Volk, wenn gerade solche Männer, denen Gott besondere Gaben verliehen hat, sich wieder ganz und willig in seinen Dienst stellen. Nun sind wieder Menschen da, denen Gottes Sache an erster Stelle steht, die das geöffnete Ohr haben für Gottes Reden. Das war ja die große Not des Volkes gewesen, daß es an Führern fehlte. Debora, die „Mutter in Israel", hat das erkannt wie kein anderer. Es gebrach an Menschen, die um die Wege Gottes wissen und die dadurch helfen, daß sie das Ziel klar sehen. Solche Leute, denen Gott selbst Auge und Ohr öffnen kann, gehen nicht vorüber an der Not des Volkes. Sie sehen mit den Augen des großen Hirten Israels den Jammer und das übergroße Herzeleid, wenn sie Gott kennen (Matth. 9, 36). Das war schon immer so in der Kirche Gottes, daß es Zeiten gab, in denen es schien, als sei die Sache Gottes verloren. So wie der Fluß im Erdboden versickert, um kilometerweit später wieder aufzutauchen, frisch und klar, mit neuer Stärke, oder wie die zarten Pflanzen im warmen Treibhaus des Gärtners überwintern, so hat Gott den Schatz seines Evangeliums durch dunkelste Zeiten immer wieder hindurchgerettet in den Herzen seiner berufenen Gläubigen. Das sind die „Freiwilligen des Herrn" (2. Chron. 17, 16), Menschen, die sein Rufen hören und mit fröhlichem, willigem Herzen folgen. Das ist ihr Schmuck am Tage seines Sieges (Ps. 110, 3 Elberf. Übers.).

Nichts verunehrt Gott so sehr, als unwilliger, mürrischer Gehorsam. Es ist die schwerste Majestätsbeleidigung für unseren himmlischen König. Gehorsamsverweigerung ist offene Auflehnung: „Wir wollen nicht, daß dieser über uns herrsche" (Hiob 22, 17; Luk. 19, 14ff.). Das kann mit dem Schwert geahndet werden. Aber der faule, schleichende Dienst des „bösen Knechtes", der Gott Vorwürfe macht, daß er etwas von ihm verlangt, wozu ihm die Gaben fehlen, ist bei weitem schlimmer. Ein solcher Knecht verunehrt seinen Herrn und wird dadurch vielen zum Anstoß am Christenglauben und zur Versuchung, es ebenso zu machen oder sich ganz abzuwenden. Nicht zu scharf ist das Wort des Propheten Jeremia: „Verflucht ist, wer das Werk des Herrn lässig tut" (Kap. 48, 10). Das war Israels Sünde bei der Einnahme des Landes, und das ist die Sünde des Volkes Gottes heute – unsre Sünde. Lässig, träge, ohne das brennende Herz, den glühenden Geist, von dem Paulus in Röm. 12, 11 spricht. Debora hat tief in das Herz Gottes hineingeschaut. Sie weiß, daß nichts sein Vaterherz so erfreut, als wenn seine Kinder ihm freiwillig dienen. Unermeßlich ist der Segen, der von willigen Herzen ausgeht, die in der Einfalt des Herzens sich demütig den Händen ihres Gottes überlassen.

Noch eins ist in diesem alten Lied bedeutungsvoll. Wenn wir daran festhalten, was 1. Petr. 1, 11 geschrieben steht, daß in den Propheten der Geist des Christus war und bis auf die zukünftige Herrlichkeit des kommenden Messias hinauswies, dann ist die Erwähnung des Ortes

Megiddo in der eigenartigen Bedeutung des 20. Verses zu beachten. Der Geist der Propheten deutet weiter hinaus als diese selbst wissen und verstehen. Einmal in der Geschichte Israels wird Megiddo noch eine wichtige Rolle spielen. Die erschöpft sich nicht in dem kläglichen Ende des frommen Königs Josia bei Megiddo, wovon 2. Chron. 35, 22ff. berichtet. Die messianische Schau geht weiter in die Endzeit, wenn einmal wirklich die Sterne oder Engel mit dem Sisera der letzten Tage, dem Antichristen, kämpfen werden und der vom Himmel Kommende den „Sohn des Verderbens" schlagen wird, der die Völker der Erde versammeln wird zu Harmagedon oder wörtlich bei dem Berg (= Hor) von Megiddo (Offb. 16, 12–16). Auch der Prophet Sacharja deutet in Kapitel 12, 11 auf den Zusammenhang von Megiddo mit dem großen Schlachtfeld der Endzeit hin.

Die Größe dieses Liedes ist nicht an der Größe des Menschen, der es sang, zu messen, sondern nach der Größe dessen, dem es gesungen wurde. Und so groß ist der lebendige Gott, der Herr der Heerscharen, daß er sich in der Zeit größter Not und der Versklavung seines auserwählten Volkes dieses schwachen Werkzeuges bedient, um eine Befreiung zu erwirken.

Wir aber lassen uns durch den Heiligen Geist, der den Seinen gegeben ist, weit hinausweisen auf eine Befreiung, die nicht nur Israel, sondern allen Völkern gelten wird. Dann wird nicht nur die Abgötterei, sondern das Wesen der Sünde selbst ausgerottet, wenn Satan und seine Verführten, „die die Erde verderben", gerichtet werden (Offb. 11, 18b). Dann wird es entscheidend sein, ob wir zu denen gehören, „die seine Erscheinung liebhaben" (2. Tim. 4, 8).

„Die ihn liebhaben, müssen sein wie die Sonne aufgeht in ihrer Macht." Mit diesem gewaltigen Wort schließt das Lied der Debora. In neutestamentlicher Tiefe wird hier an das Geheimnis wahrer Vollmacht gerührt.

Wer einmal einen Sonnenaufgang im Gebirge miterlebt hat, der weiß, was es ist um die Majestät und Kraft der aufsteigenden Sonne. Nichts kann sich ihrem Machtbereich entziehen. Mit unentrinnbarer Sicherheit wird alles in ihr Strahlenfeld gezogen und schonungslos offenbar gemacht. Das ist Herrschaft im wahren Sinn des Wortes, wie es schlicht und massiv im Schöpfungsbericht lautet: „ein großes Licht, das den Tag regiere." Dieser Regentschaft entgeht nicht das kleinste Fleckchen Erde! Und diese Macht über die Herzen der Menschen verleiht Gott denen, die ihn lieben. Mit unentrinnbarer Sicherheit geht der „Morgenstern" auf (Offb. 22, 16) und mit ihm kommt der helle Tag, die „Sonne der Gerechtigkeit" (Maleachi 3, 20). Das ist unser Herr Jesus Christus. Dann wird offenbar werden, wer zu ihm gehört, „wenn er kommen wird, daß er herrlich erscheinen wird mit seinen Heiligen" (2. Thessalonischer 1, 10). Damit wir aber nicht zuschanden werden vor ihm, wenn er kommt, heißt uns Johannes bei ihm bleiben (1. Joh. 3, 28). Das ist nichts anders als ihn lieben, wie es der Herr selbst ausdrücklich seinen Jüngern sagt, ehe er sie in dieser Welt allein zurücklassen muß: „Bleibet in meiner Liebe" (Joh. 15, 9). Licht ist Freude und Liebe ist Kraft. Wer in Jesus bleibt, der hat die vollkommene Freude des Lichtes und die unüberwindliche Kraft der Liebe. Das Geheimnis der Vollmacht, wonach unsere Seele brennendes Verlangen trägt, ist das Geheimnis eines Lebens, das verborgen ist mit Christus in Gott (Kol. 3, 3). Und das Geheimnis eines solchen Lebens ist die Liebe Gottes. Die Liebe, mit der Gott liebt. Darauf kommt es an, daß wir einzig von dieser Liebe leben. Unsere Liebe ist immer nur die Antwort, die seine Liebe in uns hervorbringt. Das ist das Geheimnis: Christus in uns. Es geht um das Ganzsein. Liebe heißt in der Einfalt, in der Ganzheit sein. Wollen wir nicht dabeisein, wenn der Herr den letzten Sieg erficht? Wollen wir uns absondern oder bereit sein in heiliger Freiwilligkeit, unser Leben nicht achtend? Es gibt nur ein einziges Kennzeichen für den, der in der wahren Bereitschaft steht: „die seine Erscheinung liebhaben" (2. Tim. 4, 8; Jak. 1, 12).

Aus der verborgenen Quelle des Lebens der Gemeinschaft mit ihrem Gott erwächst dieser Frau inmitten einer abgöttischen, kraftlosen Umgebung eine Vollmacht, die sie zur Rettung ihres Volkes befähigt. Wer mit seinem Gott in der Stille umgeht, sieht mit Jesu Augen den Jammer der Welt und die Verzweiflung der Verschmachteten (Matth. 9, 36). Er hört mit den Ohren des guten Hirten das Flehen und Weinen der Heimatlosen und Entrechteten. Sein Herz ist entzündet von der Liebe dessen, den seine Seele liebt, und kann nicht vorübergehen an all dem Herzeleid und der „großen Jammerlast, die kein Mund kann aussagen"! Was wir heute brauchten, das sind Mütter, die in dem Grauen, das uns schier die Seele erdrückt, und in dem Irrsinn der Sinnlosigkeit, die uns zu ersticken drohen, das Wort der Hilfe sagen und die Liebe Gottes zeigen können! Soviel wir um jemand leiden, soviel lieben wir. Vollmacht wird nur der Liebe gegeben, die aus dem Sterben kommt. Wer sein Leben liebt, der wird es verlieren. Ihn lieben, das ist Leben aus dem Tod. Und die Brüder lieben, das ist die Frucht seiner Auferstehung, denn

„darum ist Christus für alle gestorben, auf daß die, so da leben, hinfort nicht mehr sich selber leben, sondern dem, der für sie gestorben und auferstanden ist" (2. Kor. 5, 15). So ist das Geheimnis der Vollmacht: Christus.

O daß doch bald dein Feuer brennte!
Zünd an den Tag, vertreib die Nacht!
O daß doch jedermann erkennte
den Namen, der uns Heil gebracht!

Ach laß die Völker vor dir zittern
durch Wunder, die sie dich tun sehn,
wenn du vor dir wirst Berg erschüttern
und niederfährst von deinen Höhn!

Ist's doch mit Ohren nie vernommen,
von keinem Auge je gewahrt,
in keines Menschen Herz gekommen,
was dem geschieht, der deiner harrt.

Und nun, Herr, du bist unser Schöpfer,
und Vater rufen wir zu dir.
Wir sind der Ton, du unser Töpfer,
und deiner Hände Werk sind wir.

Gedenke ewig nicht der Sünden,
o Herr, und zürne nicht zu sehr.
Wir alle sind dein Volk, laß finden
dein Antlitz uns und schau doch her!

Johann Christoph Blumhardt, 1805–1880

Ruth –
die Ahnfrau des Königs David

Furchtbar drückte die Hungersnot das Land. Und keiner war da, dem hungernden Volk zu helfen in der dunklen, grausamen Zeit, als die Richter regierten. Da war es nicht selten, daß ganze Familien sich aufmachten, in die Nachbarländer zu ziehen, um wenigstens ihr Leben fristen zu können. So kam es, daß ein Mann vom Hause Juda aus der kleinen Stadt Bethlehem mit seiner Frau und zwei Söhnen sich aufmachte hinüber in das Nachbarland der Moabiter. Und wie das so geht, die Söhne nahmen sich Frauen von dort, Moabiterinnen, Heidinnen, die nichts von einem Gott Israels wußten.

Aber lebendiger Glaube kann nicht verborgen bleiben, und so geschah es, daß, als der Vater und die Söhne alle gestorben waren im fremden Land, doch ein starkes Band die drei vereinsamten Frauen verbunden hielt, das mehr war als nur persönliche Liebe und Anhänglichkeit. Und als Naemi wieder in ihr Land zurückkehren wollte, denn es war Kunde gekommen, daß Gott ihrem Volke wieder Brot gegeben habe, da war es den heidnischen Schwiegertöchtern nur selbstverständlich, die alte Mutter nicht allein zu lassen. Aber diese war eine tapfere Frau, die das Leben kennengelernt hatte von allen Seiten. Sie wollte nicht, daß die jungen Frauen in so jungen Jahren schon zu bleibender Witwenschaft verurteilt sein sollten, und schickte sie zurück in ihr Land, damit sie dort wieder zu Glück und Ehre kommen möchten durch eine zweite Heirat. Aber Ruth, die eine der beiden, ließ sich nicht dazu bestimmen. Kaum hatte Orpa, die Ältere, sich von ihnen getrennt, da bricht es aus ihrem Innern wie verhaltene Glut: „Rede mir nicht ein, daß ich dich verlassen sollte und von dir umkehren. Wo du hingehst, da will ich auch hingehen; wo du bleibst, da bleibe ich auch. Dein Volk ist mein Volk, und dein Gott ist mein Gott. Wo du stirbst, da sterbe ich auch, da will ich auch begraben werden. Der Herr tue mir dies und das, der Tod muß mich und dich scheiden" (Ruth 1, 16. 17). Wie wenn urplötzlich eine Goldader aufblitzt im dunklen Schacht, wo keiner es vermutet, so leuchtet dies Bekenntnis reiner Liebe auf, die aus Glauben geboren und auf die Verheißung des Gottesvolkes gegründet ist, und läßt uns einen tiefen Blick tun in das Innenleben dieser jungen Heidin. Der Gottesglaube ihres frühverstorbenen Mannes hatte ihr Herz nicht unberührt gelassen. Nicht zuletzt aber war ihr die Glaubenstreue ihrer Schwiegermutter groß geworden. Lieber wollte diese alle Mühe der Reise auf sich nehmen, in das Land ihrer Väter zurückzukehren, als das Wohlergehen in der heidnischen Umgebung länger zu genießen. Wohl mochte Naemi etwas geahnt haben von dem, das im Herzen ihrer Schwiegertochter vor sich gegangen war, aber diese Klarheit und Festigkeit war ihr selbst überraschend. Dein Gott – mein Gott, dein Volk – mein Volk, das hatte sie nicht erwartet. Da war Gott selbst am Werk, da mußten menschliche Überlegungen und mütterliches Überreden schweigen.

Und so wandern die beiden miteinander in tiefster Verbundenheit des Glaubens und der Liebe und kommen in das Städtchen, das fortan Ruths Heimat werden sollte.

Mehr als das. Bethlehem sollte noch viel mehr zu sehen bekommen als zwei einsame Frauen, die müde aus der Fremde heimkehren, es sollte Zeuge werden davon, wie Gott Treue lohnt und wie er seinem Volk ein Königshaus baut und dem Messias den Weg bereitet auf Erden. Ruth hatte nichts als ihre Treue. Aber diese Treue war groß und stark. Und Treue macht froh und still und fähig, schlicht und gehorsam auch durch Dunkel und Einsamkeit zu gehen. Auf diesem Weg wird Ruth nicht nur die glückliche Mutter eines Knaben, sondern die Urgroßmutter des Königs David und damit auch des großen Davidssohnes Ahnfrau.

Schritt für Schritt führt Gott die beiden Frauen. So tief läßt Gott sich herab, daß er sich die zum Werkzeug erwählt, auf denen durch ihre Kinderlosigkeit und Witwenschaft ein Makel lag und die dadurch der Verachtung des Volkes preisgegeben waren (vgl. auch das Gesetz 5. Mose 23, 4). Aber so ist es heute noch in Gottes Werkstatt, die sind ihm die Gefügigsten, die selbst nichts aufzuweisen haben an Reichtum, Kraft und Macht, und nicht in Ehren prangen und sich freuen können. Die sind es, die ihm alles zutrauen und gehorchen können bis ins Kleinste.

In dieser Dienstbereitschaft geht Ruth auf die Felder zur Erntezeit und sammelt die zurückgebliebenen Ähren zum täglichen Unterhalt für sich und ihre Schwiegermutter. Da greift Gott ein. Die Probe der Liebe und Treue ist bestanden. Nun heißt es Treue um Treue. Gott selbst baut das Haus seines Messias, und Ruth wird als edler Stein in den göttlichen Bau eingefügt. Nach dem jüdischen Gesetz durfte keine Familie aussterben. Starb ein Mann kinderlos, so hatte die Witwe

Anspruch auf den nächsten Verwandten. Er mußte sie zur Ehefrau nehmen und dadurch des Verstorbenen Namen fortpflanzen. Ohne Widerrede fügt sich die tapfere Frau in all die seltsamen Gebräuche, in die Naemi sie mit der Weisheit einer Erfahrenen einweiht. Nur das Herz, das frei ist von dem Trachten nach weltlicher Lust und Ehre, kann diese steilen Wege gehen; ohne abzugleiten. Ruth geht in dem schlichten Gehorsam, den nur die Einfalt kennt, dem Gott ihrer Schwiegermutter zu dienen, so wie er es in seinem Wort geboten hat. Und damit kehrt sie zurück in die Einfalt, die eine Eva hatte, ehe sie hin- und herschaute zu den verbotenen Früchten und hinhorchte auf die Stimmen, die Gottes Stimme übertönen wollten (2. Kor. 11, 3). Sie hatte damit den Weg betreten, den tausend Jahre später Maria, eine Tochter ihres Stammes, im gleichen Gehorsam gehen sollte.

So führst du doch recht selig, Herr, die Deinen,
ja, selig und doch meist verwunderlich.
Wie könntest du es böse mit uns meinen,
da deine Treu nicht kann verleugnen sich?
Die Wege sind oft krumm, und doch gerad,
darauf du läßt die Kinder zu dir gehn.
Da pflegt es wunderseltsam auszusehn;
doch triumphiert zuletzt dein hoher Rat.

Gottfried Arnold, 1666–1714

Hanna –
die Mutter des Propheten

Eine orientalische Zweifrauenehe. Kinderlos – damit ist alles ausgesagt, was an Leid das Leben der Hanna füllte (1. Sam. 1, 2). Gewiß, sie besitzt ihres Mannes Herz, der sie tröstet und mit dem innigen Wort der Liebe: „Bin ich dir nicht mehr denn zehn Söhne?" einen Blick tun läßt in eine Zartheit und Vornehmheit der Liebe, wie sie nicht alltäglich ist. Aber Hanna leidet – nicht nur, weil ihr Mutterfreude versagt ist, sondern zutiefst wohl darum, weil sie Gottes züchtigende Hand spürt; denn Kinderlosigkeit war in Israel eine Schande, eine Strafe Gottes. Überdies lebte jede Frau in Israel der frohen Erwartung, sie könnte die Mutter des Messias werden. Das gab der jüdischen Frau eine geachtetere Stellung als sonst im Orient. Das wußte Peninna, die andere Frau, und tat sehr groß mit ihren Söhnen. Vor allem geschah dies beim Opfermahl, wenn sie alle einmal im Jahr nach Jerusalem hinaufgingen und der Vater, ein Levit vom Gebirge Ephraim, jedem seinen Anteil vom Opfer austeilte und Hanna nur das eine für sie bestimmte Stück Opferfleisch erhielt, während Peninna sich brüstete mit den vielen Teilen ihrer Söhne. Da war der Kummer groß. Doch mit großer Glaubenskraft beugt sich Hanna unter die gewaltige Hand ihres Gottes, der sie demütigt. Sie flüchtet auch nicht in die zarte Liebe ihres Mannes, sie trinkt den Kelch zur Neige und stellt sich unter das Leid in Geduld.

Hanna schleicht sich weg vom frohen, lauten Mahl und

sucht ihre Zuflucht im Tempel. Dort schüttet sie ihr Herz aus vor Gott in einem langen, inbrünstigen Gebet. Und während sie so weint und betet vor ihrem Gott, da kommt ihr eine kühne Zuversicht ins Herz, und sie gelobt ein Gelübde, den Sohn, den Gott ihr geben würde, ihm wieder zurückzugeben, daß er ein Geweihter Gottes sei sein Leben lang. So vertieft ist sie in ihrem stummen Schmerz und lautlosen Flehen, daß sie nicht sieht, wie Eli, der Hohepriester, sie von seinem Priestersitz aus argwöhnisch beobachtet. Es müssen wohl wenige aufrichtig betende Frauen in damaliger Zeit in den Tempel gekommen sein, daß dieser Diener Gottes auf einen so häßlichen Gedanken kommen und zu Hanna sagen konnte: „Wie lange willst du betrunken sein?" Wahre Frömmigkeit ist demütig, und so weist die stille Beterin den erniedrigenden Vorwurf bescheiden, aber bestimmt zurück und erzählt dem Mann, der das Volk vor Gott vertreten sollte, ohne jede Empfindlichkeit ihre große Bekümmernis. Und wie wenn das aufrichtige Verlangen der betrübten Frau auch in ihm das Tiefste geweckt hätte, so antwortet er ihr in der Vollmacht eines Beauftragten Gottes: „Gott wird dir die Bitte geben, die du gebeten hast." Der große Gott kann es sich leisten, auch durch unwürdige Werkzeuge zu segnen, ohne daß seiner Größe dadurch Abbruch getan wäre. Hanna geht getrost ihrer Wege. Gott hat ihr durch seinen Diener eine Botschaft sagen lassen, und diese Botschaft nimmt sie auf mit gläubigem Herzen und hält sich daran mit ganzem Vertrauen. „Und der Herr gedachte an sie." Das ist doch das Größte, daß Gott an seine Kinder denkt, auch an eine verachtete, unscheinbare Frau wie die Hanna, daß er ihre Tränen kennt und zählt und ihnen Einhalt gebietet, wenn seine Stunde gekommen ist. Hanna selbst wächst unter der

Last, und ihr Glaube reift an dem Widerstand, der ihr entgegentritt. Und als der Knabe geboren wird, da hält die Mutter Wort. Elkana achtet das Gebet und Gelübde seiner Frau, und sie bringen den Sohn ihres Glaubens und ihrer Gebete zum Tempel und zeigen ihn dem Priester.

Was mag diese Mutter in den kurzen Jahren, in denen sie den ersehnten Knaben, ihren Samuel – den von Gott Erbetenen – bei sich behalten durfte, in seine junge Seele eingepflanzt haben unter heißen Gebeten! Wie wird sie ihm von dem großen, heiligen Gott erzählt haben und den Wundern, die er an seinem Volk der Erwählung gewirkt hat, und von der hohen Erwartung des Kommenden. Wer so Gott preisen und seinen Namen verherrlichen kann, wie es der Hanna Lobgesang zeigt, der schweigt auch seinen Kindern gegenüber nicht von diesem Gott (2. Mose 12, 13. 14). Wo sind die Mütter heute, denen nichts mehr am Herzen gelegen ist, als ihren Kindern in allerfrühester Jugend von Gott zu sagen, die eher etwas in der äußeren Versorgung zurückstellen, als auch nur einen Tag die biblische Geschichte und das Gebet mit den Kindern zu unterlassen (Ps. 78, 5—7)?

Ein starker Geist muß in der Hanna gewohnt haben, daß keine menschlichen Rücksichten sie von dem Vorsatz, den sie gefaßt hatte, abbringen konnten; auch nicht das eigene Mutterherz, das sich so bald schon von dem heißersehnten Sohn trennen mußte, durfte sie innerlich unsicher machen. Und es war nicht wenig, was ihr Mutterherz erzittern machen mußte, wenn sie daran dachte, was dort im Hause des Hohenpriesters auf ihr Kind wartete. Die Verdorbenheit der beiden Priester-

söhne Hophni und Pinehas war sprichwörtlich geworden, „böse Buben" nennt sie Luther (wörtlich Söhne
Belials, d. h. Teufelssöhne). Nicht genug, daß sie als
Diener am Heiligtum im Ehebruch lebten, sie verläster-
ten das göttliche Gesetz. Sie holten die Opfergabe auf
ihren eigenen Tisch, statt sie nach dem ausdrücklichen
Befehl Gottes auf dem Brandopferaltar zu verbrennen.
Nichts war ihnen heilig, und mit ihrer Zuchtlosigkeit
waren sie Anstoß und Gefahr für das ganze Volk. Und
Eli sah das alles mit betrübtem Herzen, denn er war
ein frommer Mann. Sagen wir nicht, er sei zu alt gewesen, um einzugreifen. Mose war im hohen Alter noch
ganz erfüllt mit der Kraft seines Gottes. Eli war
schwach im Glauben. Er wollte den Zusammenbruch
nicht sehen, der sich schon lange angebahnt hatte und
hörte nicht auf die Warnung Gottes (1. Sam. 2, 27ff.)
„. . . er wußte, daß sich seine Söhne den Fluch zuge-
zogen haben und hat es ihnen nicht abgewehrt . . ."
(1. Sam. 3, 13). Ein erschütterndes Urteil Gottes über einen frommen Vater! „Stumme Hunde, die nicht strafen
können", wie Jesaja 56, 10 die Priester Israels nennt.
Wenn doch alle Eltern wüßten, wie unglücklich sie ihre
Kinder machen für das ganze Leben, wenn sie es an
diesem heiligen Ernst fehlen lassen den Geboten Gottes
gegenüber. Einer sogenannten „harten" Erziehung kann
mehr echte Liebe zugrunde liegen als jenem weichen
Nicht-strafen-Können. Dies ist im Grunde Selbstliebe,
die das eigene Fleisch und Blut nicht hart anzugreifen
vermag und es mit den Kindern nicht verderben möchte.
Die Bibel lehrt es uns anders, auch im Neuen Testament
(1. Tim. 3, 4. 5). Und wie schwer das Gesetz die Sünden
der Priesterkinder ahndet, zeigt 3. Mose 21, 9!

In dieser vergifteten Luft müssen Samuels Eltern, um

das Gelübde zu erfüllen, das Kind zurücklassen, wo so viel Schmutz, Lüge und Bosheit sich ausbreiten. Das Vertrauen der Eltern in die bewahrende Macht ihres Gottes ist so stark, daß kein Abschiedsweh oder menschlich begreifliche Besorgnis aufkommt, nur Anbetung, Dank und Freude. Der Gott, der so machtvoll eingegriffen hat in ihr Leben und den Sohn geschenkt hat, gleichsam Leben aus dem Tod, der ist mächtig, des Knaben Seele zu bewahren inmitten der Schlechtigkeit der Priestersöhne – das war ihre felsenfeste Zuversicht und ihr unerschütterlicher Glaube.

Aber Hannas Mutterliebe hatte noch viel zu tun, ihr Dienst war noch nicht am Ende. Jahr für Jahr brachte sie dem Knaben das selbstgewirkte Oberkleid, in das sie alle ihre Gebete für ihn und ihr Volk hineingewebt hatte. So wurde Samuel der Beter, wie Israel nach dem Zeugnis der Schrift außer Mose keinen mehr gehabt hat (Ps. 99, 6; Jerem. 15, 1).

Von Hanna, der Frau mit der starken Seele und dem hohen Geist und dem demütigen Herzen, ist uns das herrliche Lied erhalten, das wir in 1. Sam. 2, 1–10 geschrieben finden. Als Luther in Erfurt zum erstenmal auf die lateinische Bibelübersetzung stieß, hat er als erstes dieses Buch gelesen und das Lied der Hanna ganz besonders hoch gestellt als ein Lied, das hinausweist auf den Messias. Auch Augustin hat schon den weiten endzeitlichen Blick in diesem Lobgesang erkannt. Aus diesem Lied spricht wahrlich ein hoher Geist, wie man ihn bei der schlichten Frau nicht gesucht hätte. In der ganzen Bibel ist ihm nur noch der Lobgesang der Maria (Luk. 1) an die Seite zu setzen. Das sind nicht Worte einer vernachlässigten Frau, die nach Liebe schmachtet und dem Glück nachtrauert. Ihr kleines Leben war herausgehoben aus dem endlosen Drehen um sich selbst und hineingestellt in die ewige Bewegung des Gottesreiches. Gott hatte sie selbst in diese Hölle der Verlassenheit hineingeführt und wieder heraus. In diesem Lied der Hanna ist uns ein Niederschlag des Glaubens- und Hoffnungsgutes der Stillen im Lande gegeben.

So hofft, so glaubt, so betet, so wartet die Gemeinde auf die Erlösung Israels. Und dieses Hoffen hat eine glaubende Frau in ihrem Herzen getragen in jener glaubensarmen Zeit. Und als der Reif über die Hoffenden fiel und der Winterfrost alles töten wollte, da hat sich Gott ein gequältes und verachtetes Weib erlesen, das sein Wort vom kommenden Erlöser in ihrem Herzen bergen sollte, einem Gewächshaus gleich, in dem die der Wärme bedürftigen Pflanzen überwintern. So hat sie den Glauben hinübergetragen, bis die Zeit reifte und Gott dem Beter Samuel, ihrem Sohn, von neuem das Wort anvertrauen konnte, das „teuer" gewesen war „zu jener Zeit" (1. Sam. 3).

Luther nennt drei Dinge als unumgänglich zum Verständnis der Heiligen Schrift: oratio – Gebet, meditatio – Nachdenken, tentatio – Anfechtung. Hanna weiß, was Anfechtung ist, und darum kennt sie das Wort Gottes. Wenn sie sagt: „Ich freue mich meines Heils", dann meint sie damit noch mehr als nur den Dank für die Erhörung ihrer Bitte um den Sohn. Sie hat eine Begegnung mit ihrem Gott gehabt, und das verwandelt den Menschen von Grund auf. Nun ahnt sie etwas von dem „Ozean des ersten Gebotes" (Luther), in dem alles ausgesagt ist, der ganze Totalitätsanspruch Gottes. Diesem unermeßlichen Gott ist Hanna begegnet, er hat sich zu ihr herabgeneigt, als er ihr Flehen hörte dort im Heiligtum, und in der Gabe hat sie den Geber erkannt und empfangen. Sie hat das Geheimnis erkannt, wie man das Wort Gottes „essen" muß (vgl. Hesekiel 3 und Johannes 6, 35). Betend das Wort in einem Herzen bewegen, das an die verwandelnde Kraft dieses Wortes glaubt, das heißt das Wort essen. Erkenntnisse, die brachliegen, also nicht „gegessen" werden, verderben — die Würmer kommen daran (2. Mose 16, 20).

Weit hinaus geht Hannas prophetischer Blick bis zum Kommen des Messias, ja bis zum Weltenende. Gott ist für sie der einzig Mächtige, Starke und Große, ja er ist der Herr über Leben und Tod, der über die Völker gebietet und aus dessen Hand kein anderer zu retten vermag. Er ist aber auch der, der alles lenkt nach seinem Rat, und sein Wille ist der alleingeltende im Himmel und auf Erden. Wie hat diese Frau gelebt in den alten Sprüchen, wie sie Mose der Gemeinde des alten Bundes von Gott verkündigt hatte (5. Mose 32, 33 u. a. m.).

Auch von Hanna kann das Wort gelten, daß sie Christus gesehen hat, Christus, das Geheimnis Gottes, Christus, den einzigen Grund aller wahren Freude.

„Wen Gott lehren will, den führt er in die Hölle und wieder heraus. Die das erlitten haben, sind die Allergelehrtesten gewesen."

Martin Luther

Abigail –
die kluge Frau des törichten Mannes

Die kluge Frau eines törichten Mannes, der seinem Namen Ehre macht (Nabal = Tor 1. Sam. 25, 25), war Abigail zu einem hohen Ehrenamt von Gott ausersehen. In der Stille der Karmelberge, dem fruchtbaren Erbteil von Asser, war sie zu Hause. Schon der Väter Segen ruhte auf dem reichen Bergland (1. Mose 49, 20; 5. Mose 33, 25; Jerem. 19, 24). Die Propheten schauten von hier aus auf eine herrliche Zukunft für das ganze Land Israel (Jes. 33, 9; 35, 2). Der äußere Reichtum und Überfluß an irdischem Gut hatte bei dieser Frau nicht wie bei so vielen den Blick getrübt für die Dinge des Reiches Gottes. Mit wachem Geist verfolgt sie die Vorgänge in dem ergreifenden Kampf zwischen dem von Gott verstoßenen König Saul und dem vom Samuel gesalbten jungen David, in dem sie den „Herzog von Israel" erkennt, der „des Herrn Kriege" führt (1. Sam. 25, 28. 30).

Wie war dieser einsamen Frau solch tiefe Erkenntnis geworden? Eine Erkenntnis, die weiter hinausreicht als das, was viele, die sich Christen nennen, heute von Gott und seinem Heilsplan wissen. „Fressen und Saufen und Sorgen der Nahrung" (Luk. 21, 34; Mark. 4, 19), das ist es, was mehr als alles andere den Geist bannt und unfähig macht, die göttliche Wahrheit zu erkennen und Gottes Wort höher zu achten als Gold und Silber. Diese reiche Frau gehört zu den geistlich Armen, die ihren Besitz nicht in sich selbst, sondern allein in Gott haben.

Sie lebt von der Verheißung ihres Gottes und legt den göttlichen Maßstab an den Streiter Gottes. Das macht sie mutig in den Wegen des Herrn, daß sie sich nicht fürchtet, weder vor dem kleinen Geist ihres Mannes noch vor dem Feuergeist des zornschnaubenden David. Sie steht unter Gott und fürchtet nichts und niemand als Gott allein.

Abigail lebt in Gottes Heilsgedanken. Selbst der den Genüssen des diesseitigen Lebens verfallende Ehemann kann sie daran nicht hindern. Mit der Klugheit, die allein Gottes Weisheit verleiht, dient sie ihm als gehorsame Ehefrau und sucht seine Ehre als Hausherr und Besitzer immer wieder herzustellen. Aber ihr Leben erschöpft sich nicht darin, sie weiß sich als Glied der wartenden Gemeinde in Israel. Sie weiß, wer David ist, im Gegensatz zu Nabal, der mit dem Spott eines völlig diesseitig gerichteten Toren großsprecherisch und engstirnig zugleich die Boten Davids abtut, die von David gesandt zu ihm kommen, um Nahrung für sich und seine Schar zu erbitten. „Wer ist David und wer ist der Sohn Isais? Heutzutage gibt es Knechte genug, die ihren Herren entlaufen. Soll ich etwa mein Brot und mein Wasser und mein Schlachtvieh, das ich für meine Scherer geschlachtet habe, nehmen und es Leuten geben, von denen ich nicht einmal weiß, woher sie gekommen sind?" Es war kein Almosen, was David sich da ausgebeten hatte. Der begüterte Grundbesitzer hätte wohl daran getan, die Bitte nicht nur zu gewähren, sondern darüber hinaus zu tun, um den herumstreifenden Scharen seinen Dank abzustatten. Hatten sie doch ihn und sein Gut, seine Herden und Hirten als treue Grenzwächter so ritterlich geschützt und niemals belästigt oder gar ausgeplündert, wie andere es taten. Aber wenn einer keine Gottesfurcht kennt, dann weiß er auch nichts von Gottes Dienern, und David ist ihm ein leerer Name. Und dann verläßt einen solchen auch im gegebenen Augenblick der gesunde Menschenverstand, und er handelt gegen alle Vernunft und bringt sich selbst und die Seinen in höchste Lebensgefahr.

Aber da ist noch die Frau. Die Knechte kennen sie alle als die Seele des Hauses, als die weise, helfende Gebieterin. Sie legen ihr die ganze Not dar. Mit raschem Verstehen erkennt sie die drohende Gefahr und schreitet kurz entschlossen zur Tat. Es war hohe Zeit, denn schon begegnet ihr David an der Spitze seiner Männer, wie sie in glühendem Zorn heranreiten, die ihnen widerfahrene Schmach mit dem Schwert zu rächen. Weh dem Allzukühnen, der sich dieser verwegenen Reiterschar entgegenstellt! Die schwache Frau dort auf dem Esel wagt es, sie ganz allein. Auf die Erde wirft sie sich nieder vor David. Der ganze Troß muß halten und ihre Bitte anhören.

Voll Staunen horcht David auf. Das ist ein Klang aus dem Heiligtum. Das ist die Sprache seines Gottes. Das Tiefste in ihm wird wach, und der Geist von oben gewinnt die Oberhand über das allzumenschliche Eifern und Aufbegehren. Das Rasseln der Schwerter verstummt. Der Mann, der im Dienste Gottes streitet, hat sich selbst wiedergefunden. Er erschrickt vor dem Abgrund, bis zu dem nur noch ein Schritt gefehlt hatte. „Gepriesen sei der Herr, der Gott Israels, der dich mir heute hat entgegenkommen lassen! Und gepriesen sei deine Klugheit und gepriesen du selbst, daß du mich heute davon zurückgehalten hast, in Blutschuld zu geraten und mir mit eigener Hand Genugtuung zu verschaffen! Denn so wahr der Herr lebt, der Gott Israels, der mich heute davor behütet hat, dir ein Leid anzutun, wärst du mir nicht so schnell entgegengekommen, so wäre dem Nabal bis morgen früh kein einziges Mannesbild übrig geblieben" (1. Sam. 25, 32–34! Jetzt ist er ganz der Gottesstreiter vom Scheitel bis zur Fußsohle. Er schämt sich nicht, auf eine Frau zu hören und ihrer Stimme zu gehorchen (Vers 35b). Wer seines eigenen Blutes Stimme zu schweigen vermag in des Heiligen Geistes Kraft, der hat gewonnen und kann auf andere hören, ohne ihnen hörig zu sein, denn er ist unter Gott. Vor seinen Männern nimmt David die Warnung der Frau als eine Stimme Gottes an. Vor ihren Ohren gibt er seine Übereilung zu und bekennt seine Schuld. War es sonst die geheime Quelle seiner Kraft gewesen, Gott in allem zu fragen, so wußte er, hier hatte er in seelischer Gefühlsaufwallung gehandelt. Was aber auf dieser Ebene liegt, widerstreitet den Wegen Gottes. Als ein echter Gottesmensch weiß David um die Würde des Menschen, der in der Buße steht. Wie oft bringen wir uns selbst und die unserer Seelsorge Anvertrauten, oft sogar Eltern ihre Kinder, um den Segen einer rückhaltlosen Beichte und befreienden Buße. Wie so ganz anders in Davids Leben. Auch nach schwerem Fall bricht Freude und Kraft durch in Buße und Vergebung (Ps. 32; 51, 14).

„Laß kein Böses an dir gefunden werden dein Leben lang" (Vers 28), das ist das Anliegen dieser Frau. Der Schild des Gottesstreiters soll rein bleiben: „daß du nicht kommst in Blutschuld und dir mit eigener Hand hülfest... so wird's dem Herzen meines Herrn nicht ein Anstoß noch Ärgernis sein, daß du Blut vergossen ohne Ursache und dir selber geholfen; so wird der Herr meinem Herrn wohltun und wirst an deine Magd denken" (1. Sam. 25, 26. 31). Zweimal muß sie ihm sagen, so wichtig ist es ihr, daß es dem Mann, „der des Herrn Kriege führt", nicht wohlanstehe, sich mit eigener Hand Recht zu schaffen und ohne Ursache Blut zu vergießen, zumal es hier um das Leben eines Gliedes des Volkes geht. Die Kriege Gottes erfordern Blutvergießen. Der eine wahre Gottesdienst muß unverletzt und unvermischt aufgerichtet werden und als Zeuge unter den Völkern dastehen wie ein Fels im Meere. Aber Blutvergießen ohne Ursache, das ist etwas anderes, davor muß sich der Erwählte Gottes bewahren. Und vor allem — er darf sich nicht mit eigener Hand helfen. Das ist der Schatten, der auf dem Leben so vieler Gottesmenschen — Abraham und Sarah, Isaak und Rebekka — ruht, daß sie sich selbst helfen wollten.

Wir staunen über eine solch tiefe evangelische Erkenntnis. Es geht eine verborgene, gerade Linie von Evas Hoffen auf den Kommenden bis zu Maria, der Mutter des ins Fleisch gekommenen Messias. *Ein* Sehnen und *ein* Hoffen verbindet diese „Stillen im Lande", von denen David im 35. Psalm sagt (Vers 20). Sie wissen und halten in unbeirrbarem Glauben daran fest, daß Gott der Herr einen Retter, einen Heiland senden wird. Der wird ein Mensch, ein „Weibessame" sein, nicht ein Engel. Ja, sie wissen, daß er ein Abrahamssohn sein wird. Und als die Kunde von Davids Salbung durch Samuel ins Volk dringt, da spannt sich die Hoffnung auf den Kommenden neu. Das Jubelgeschrei ist längst verklungen, mit dem die Frauen aus Israel einst mit Zimbeln und Pauken David nach dem Fall des Riesen empfangen hatten. Die menschliche Begeisterung ist verrauscht. In den furchtbaren Jahren, da der von Gott

Verlassene den von Gott gewählten König verfolgt, „wie der Habicht in den Bergen auf ein Rebhuhn Jagd macht", da ist die verborgene Gemeinde um Samuel am Wort erstarkt. David selbst, umgeben von „allerlei Männern, die in Not und Schulden, und allen, die eines betrübten Herzens waren", war ein Geächteter, aus dem Land der Väter Verbannter. Das Flüchtlingslos traf ihn am Herzpunkt seines Lebens. Er war ausgeschlossen von den Gottesdiensten und Opfern im Heiligtum. Von dieser Herzensnot zeugen seine Psalmen und die seiner Sänger (vgl. Ps. 65, 84 u. a.). So hat David, wie nach ihm der große Davidssohn, das Leben auf der Landstraße mit all seiner Not und Verlassenheit durchkostet. Und doch bleibt es das Geheimnis seines Lebens wie all derer, die Jesus nachfolgen: „Ich kann nichts von mir selber tun." Sein persönliches Gebetsleben wird durch die Raumnot und Ruhelosigkeit des Flüchtlingslebens nicht zerbrochen, im Gegenteil, mit verstärkter Gewalt bricht es durch alle Hindernisse, wie der Gebirgsbach die Felsen sprengt, die seinem Lauf hemmend entgegenstehen.

Unter der Wirkung des Geistes Gottes reift hier und dort eine kleine Schar heran, die sich den freien Blick auf Gottes Walten bewahrt und in jugendfrischer Hoffnung täglich gespannt hält. Diese Stillen im Lande wissen es alle, und einer raunt es dem andern zu: David, das ist der Geliebte, wie sein Name sagt.

Wie spricht Abigail? „Wenn Gott dann meinem Herrn all das Glück verleihen wird, das er dir verheißen hat, und dich zum Fürsten über Israel bestellt" (1. Sam. 25, 30). Die Glaubenden wissen um die Verheißung, die David gegeben ist, er selbst weiß es, wie seine Lieder sagen, die wohl damals schon in diesen Kreisen gesungen und gelebt wurden. Es geht hier nicht um Sympathie für den jungen Helden, oder gar um aufrührerische Bewegung, wie Nabal meint (Vers 10) und damit seine ganze gottferne Gesinnung und seinen kleinen Horizont beweist. Bei denen, die sich jetzt noch in der Zeit der Not und Verbannung zu David halten, geht es um den Glauben. So wie sich später um den Propheten Elia und Elisa die Frommen sammeln und von ihnen in Glaubensfragen unterrichtet und gefestigt werden (2. Könige 4, 23, vgl. die 7000 bei Elia, 1. Könige 19, 18), so hat Samuel die glaubende Gemeinde gelehrt und im Glauben gestärkt. Abigail weiß von dem „beständigen Haus Davids" (Vers 28). Auch hier geht der prophetische Blick weiter als die augenblickliche Erkenntnis, sie schaut noch nicht den Messias und verkündigt ihn doch. Diese Treue dem anvertrauten Glaubensgut gegenüber hat etwas Beschämendes für uns, denen so viel mehr anvertraut ist.

Und Gott lohnt solche Treue. Einer Frau vertraut er die einzigartige Aufgabe an, was sonst nur den Propheten geziemt (vgl. 2. Sam. 12), seinem Erwählten den heiligen Dienst der Ermahnung zu leisten. Mit großer Zartheit und zugleich fest und klar fällt sie dem Daherstürmenden in die Zügel. In göttlicher Weisheit, Wahrheit und Liebe wagt sie, dem gewaltigen Kriegsmann entgegenzutreten, in dem sie den Gesalbten des Herrn verehrt. Aber gerade deshalb darf er nicht sündigen wie die andern. Weil sie ihn in seiner Berufung so hoch achtet, darum muß sie ihm widerstehen. Zu ihrem gottlosen, verständnislosen Mann hätte sie nie so reden können. Als ein an Gottes Wort und Geist gereifter Mensch weiß sie, daß nur der Gott hören kann, der Gott liebt.

David bewährt sich als einer, der Gott liebt, weil er von Gott geliebt ist. Er kann hören. In keiner Geschichte der Bibel ist das so tief und zugleich anschaulich geschildert wie hier. Das ist „der Mann nach dem Herzen Gottes", der aufhorcht, wenn Gott durch einen Menschen zu ihm redet. Art und Weise, wie jemand die Strafe annimmt, offenbart es, wie weit er ein Mensch nach dem Herzen Gottes ist. „Der Gerechte schlage mich freundlich und strafe mich; das wird mir so wohl tun wie Balsam auf meinem Haupt ..." (Ps. 141, 5), sagt David selbst, und lange vor ihm ist schon diese Weisheit der Vorväter gewesen: „Siehe, selig ist der Mensch, den Gott straft; darum weigere dich der Züchtigung des Allmächtigen nicht" (Hiob 5, 17). Bei Salomo lesen wir ähnliches (Sprüche 27, 6; 15, 31; 10, 17; 6, 23) und im Buch der Weisheit (7, 14) werden die Freunde Gottes als die Freunde der Weisheit bezeichnet. Ihr Merkmal ist, „sich weisen zu lassen". Der Geist Gottes in einem solchen Menschen erkennt in dem, der zu ihm redet, Gottes Geist und macht ihn willig, zu hören.

Noch ein wunderbar tiefes Wort verdanken wir Abigail: „Und wenn sich ein Mensch erheben wird, dich zu verfolgen, und nach deiner Seele steht, so wird die Seele meines Herrn eingebunden sein im Bündlein der Lebendigen bei dem Herrn, deinem Gott; aber die Seele deiner Feinde wird geschleudert werden mit der Schleuder." Mit diesem lieblichen Bild will sie die völlige Ruhe und Sicherheit eines Menschen beschreiben, der sich geborgen weiß in Gott. Und wieder ist es der große Davidssohn Jesus Christus, in dem wir auch dieses prophetische Wort erst ganz erfassen können. So kostbar ist unsere Seele in den Augen Gottes, daß er sie einbindet in ein Bündlein, wie man nur ganz wertvolle Dinge aufbewahrt. So kostbar, will sie ihm sagen, ist deine Seele, du Streiter Gottes, in deines Gottes Augen. Und was deinem Gott so wert ist, das sollst du nicht mutwillig zerstören und beflecken.

Der Erwählte gehört seinem Gott zu eigen. Er hat teil am Leben Gottes, des Gottes, der von sich spricht: „Ich bin der Gott Abrahams und der Gott Isaaks und der Gott Jakobs." Bis zu der höchsten Erkenntnis des Glaubens an die Auferstehung der Toten schwingt sich Abigail auf: „Gott aber ist nicht ein Gott der Toten, sondern der Lebendigen" (Matth. 22, 32). Für einen, der Gott angehört, gibt es keinen Tod. Diese Frau hat Christus von ferne gesehen, wie es von Abraham gesagt ist in Johannes 8, 56: „Abraham sah meinen Tag und freute sich."

Es ist eine hohe und tiefe Rede, die diese vom Geist Gottes bewegte Frau führt, und der von demselben Geist Bewegte beugt sich der Wahrheit seines Gottes und der Weisheit, die durch diese Frau zu ihm spricht. Er bricht in einen Lobpreis Gottes aus, der seine Seele bewahrt und ihn gewarnt und gestraft hat. Ob wir heute diese Sprache noch verstehen, wo das Menschenleben so unwert geworden ist und viele ihre Seele noch billiger verkaufen als Esau sein Erstgeburtsrecht? (1. Mose 25, 29–34). Ob wir überhaupt noch fähig sind, diesen Tiefen der Gedanken Gottes nachzuspüren und sie herauszuhören aus dem, was uns begegnet? Sind wir nicht oft stumpf geworden gegen Gottes Reden und viel zu satt und zu wissend, um noch auf solch feines, zartes inneres Mahnen zu hören? Sind der Worte nicht zuviel gemacht worden, so sehr, daß man das Wort selbst kaum heraushört? Und wenn wir dann einmal hinhören, wo bleibt dann der Gehorsam, der eilt mit der Tat und sich beugt und ihm recht gibt? Diese Frau hatte es gewagt, ihren irdischen Besitz und die Gunst ihres Mannes aufs Spiel zu setzen und die Dinge des Reiches Gottes an die erste Stelle zu setzen, indem sie zu David hielt, als dieser noch der Geächtete war.

Wie königlich Gott den ihm erwiesenen Gehorsam lohnt, das zeigt die weitere Geschichte der Abigail. Kurz berichtet der Chronist von dem plötzlichen Ende ihres Mannes Nabal. Der sitzt in seinem Hause und schwelgt in Essen und Trinken, als Abigail von ihrer denkwürdigen Begegnung mit David zurückkehrt. Da kann sie ihm kein Wort davon sagen.

Und das ist heute noch so. Die tiefsten und für das Reich Gottes bedeutsamsten Dinge können sich ereignen und der nur auf das Diesseits Gerichtete ahnt und begreift nichts davon. Diese zwei Welten können in einem Ort, in einem Hause, in einer Stube beisammen sein, aber der Mensch dieser Welt wird der göttlichen Nähe überhaupt nicht gewahr. So wird es sein, wenn der Herr Jesus wiederkommt. „Ebenso wie es in den Tagen Lots zuging! Man aß und trank, man kaufte und verkaufte, man pflanzte und baute; ebenso wird es auch an dem Tage sein, an dem der Menschensohn sich offenbart. Ich sage euch: in jener Nacht werden zwei Männer auf einem Lager liegen; der eine wird mitgenommen, der andere zurückgelassen werden. Zwei Frauen werden zusammen mahlen; die eine wird mitgenommen, die andere zurückgelassen werden. Zwei werden auf dem Feld sein; der eine wird mitgenommen, der andere zurückgelassen werden" (Luk. 17, 28. 30. 34–36).

Als das Gelage zu Ende und Nabal wieder nüchtern

ist, erzählt ihm Abigail von der drohenden Gefahr, die sich durch ihr Eingreifen abgewehrt hat. Da ist es aus mit dem Mut des losen Spötters. Er wird vom Schlag gerührt und wenige Tage hernach stirbt er. Nun ist Abigail frei, dem Gott zu dienen, den Nabal, der Tor, nicht geehrt hatte. Sie nimmt Davids Werbung demütig an, der sie zu seiner Gattin begehrt. Sie tut dies mit den Worten, die denen der Maria ähnlich sind: „Siehe, hier ist deine Magd." Sie weiß, daß David der Erwählte Gottes ist, und so gibt es für sie nichts Höheres in diesem Leben, als an der Seite dieses Mannes dem lebendigen Gott dienen zu dürfen.

In diesem Leben wird deutlich, was das praktisch heißt: „Trachtet am ersten nach dem Reich Gottes und nach seiner Gerechtigkeit, so wird euch solches alles zufallen."

Und ist Abigail auch nicht in der direkten Ahnenreihe des großen Davidssohnes, des Messias, zu finden, so ist sie doch Davids Frau und als solche hat sie teil an der großen, wunderbaren Geschichte dieses Mannes, dessen Name aufs engste verknüpft ist mit dem Messias, Jesus Christus, dem Heiland der Welt.

Schreib meinen Nam' aufs beste
ins Buch des Lebens ein,
und bind mein Seel fein feste ins schöne Bündelein
der'r, die im Himmel grünen und vor dir leben frei,
so will ich ewig rühmen, daß dein Herz treue sei.

Valerius Herberger, 1562–1627

Hanna –
die Prophetin

„Wie deine Tage, so soll auch deine Kraft sein", hatte
Mose einst in seinem Segensspruch über dem Stammvater der Prophetin ausgerufen. Und wirklich, so steht
Hanna vor uns, in großer innerer Kraft und der gei-
stigen Frische derer, die auf den Herrn harren. Ihr Leben war ein Gottesdienst.

Ein langes, einsames Leben, das Leben der Hanna. Kur-
zes Eheglück, von Kindern ist nicht die Rede im biblischen Bericht. Jäh bricht das Unglück über sie herein,
mehr als sechzig Jahre führt sie nun das vereinsamte
Leben einer Witwe.

Die Einsamkeit der Lediggebliebenen gepaart mit dem
Weh um einstmals besessenes Glück. Wie oft begegnen
wir solchen Menschen der Wehmut, die Glück und Leid
überempfindlich macht gegen sich selbst und hart und
verschlossen gegen die Mitmenschen. Leid kann ego-
istisch machen, wie Glück ja auch. Nur in Gottes Händen wird Leid zur Pflugschar, die den Ackerboden auf-
wühlt und Raum macht dem fruchtbringenden Samen-
korn. Dieselben Gotteshände allein können das Herz
weiten durch das Glück, daß Liebe und Freude überflie-
ßen auf alle, die daneben stehen. Nur von Gott Getrö-
stete können wieder trösten, in Gottes Werk Erstarkte
geben Schutz und Halt den Hilfe und Bergung Su-
chenden, den Verirrten und Verwirrten. Wer in eigener
Charakterstärke dasteht, bedrückt leicht den Schwäche-

ren, wer selbst das Leben meistert, bringt gar oft, die er zu Christus führen soll, unter seine eigene Meisterschaft. Die aber in der „getrosten Verzweiflung" stehen, sind geübt, das Leid zu ahnen und Not zu spüren, ohne den Darunterliegenden zu beschämen und seine Blöße ans Licht zu zerren.

Aber nicht Freud und Leid ihres eigenen kleinen Frauenlebens ist es, was Hannas Leben kennzeichnet. Sie dient Gott – das ist der Inhalt ihres Lebens. Eine starke, klare Linie geht durch die wenigen Zeilen, ein heller, froher Ton klingt aus den Worten (Luk. 2, 36–38), die uns das Bild dieser seltenen Frau nahe bringen. Nicht die kurzen Jahre ihres Glücks und nicht die langen der Witwenschaft sind es, die ihren Geist und ihr Gemüt beschäftigen. Ihr Sinnen ist auf Gott und die Dinge seines Reiches gerichtet, ihr Trachten auf das Kommen des Messias. Hier liegt das Geheimnis ihres Lebens. Hanna gehört zu der wartenden Gemeinde. Das sind die Stillen im Lande. Man weiß nicht viel von ihnen und noch weniger merkt man nach außen. Aber sie sind da zu allen Zeiten und mancherorts. Und sie finden immer wieder den Weg zueinander. Sie gehören einfach zusammen, alt und jung, reich und arm, vornehm und gering. Das war so und wird so sein, bis der Herr wiederkommt, und dann wird er sie sammeln und vereinen in der oberen Schar.

Und wie sieht ein solches Leben aus? Von Hanna heißt es in Luk. 2, 2: „Sie kam nimmer vom Tempel, diente Gott mit Fasten und Beten Tag und Nacht." Was der Tempel für die Gläubigen des alten Bundes war, ist nicht etwa unsere Kirche oder Kapelle heute. Der Tempel war der Ort, an dem Gott mit seinem Volk redete.

Dort war das Allerheiligste mit der Bundeslade, auf der die Gegenwart Gottes ruhte. Für den Gläubigen des Neuen Testaments ist es Christus, in dem Gott mit den Seinen redet. Er ist der Gnadenstuhl. Und wo anders ist er zu finden als in seinem Wort, ob wir es einsam oder gemeinsam lesen? Nun wird es uns deutlich, wozu das Leben der Hanna auch uns aufruft. Nicht weichen vom Tempel, nicht weichen vom Wort, beim Wort bleiben in allen Lagen des Lebens unter allen Umständen. Das geschieht unter Gebet. Wort und Gebet sind nicht voneinander zu trennen. Im Gebet eigne ich mir das Wort an, betend bleibe ich im heiligen Bezirk des Wortes wie die Alten im Tempelbezirk.

Aber ohne Fasten geht es auch für uns nicht ab. Nicht nur immer die *übrige* Zeit, die *letzte* Kraft für den Umgang mit Gott hergeben. So, als könnte Gott eigentlich froh sein, wenn wir überhaupt etwas Zeit für ihn übrig haben. Fasten heißt: sich auch erlaubter, guter Dinge entschlagen, um frei zu sein, mit Gott umzugehen. Da ist vieles, was gut und nützlich wäre, schön und erquickend für Geist und Gemüt und vielleicht sogar notwendig für mein äußeres Leben. Aber um den Preis, daß der innere Mensch erneuert werde Tag für Tag, ist es wohl angebracht, daß der äußere darob verderbe. Um dessentwillen, daß ich Zeit und Kraft zum stillen Verkehr mit meinem Gott habe und wirklich Zeit und Ruhe zur Vertiefung in sein Wort, geht es nicht ohne „Fasten" ab. Und sei es nur ein zuchtvolles Abbrechen am Abend, wenn man gemütlich zusammensitzen oder noch gar so gerne etwas schreiben und lesen möchte in stiller, später Abendstunde. Und dann – dann ist die frühe Morgenstunde verschlafen und vorbei und man geht ungerüstet in den Tag, und mein Tagewerk, so eifrig und so fromm es sein mag, ist kein Gottesdienst und mein Standort ist kein „Bleiben im Tempel."

Und dann ist noch etwas in der Hanna Leben, was uns helfen kann, daß auch unser Leben ein Gottesdienst werde. Als sie den Heiland gesehen hatte, da redete sie von ihm zu allen, die auf seine Erlösung warteten. Weil sie in so beständigem Umgang mit Gott lebte, wurden ihre Augen durch den Heiligen Geist geöffnet, daß sie in dem Kindlein, das in den Tempel gebracht wurde wie alle anderen Knaben auch, den Messias erkennen konnte. Und nun war ihr Herz nur von *einem* erfüllt, und sie ging hin zu der kleinen Schar der Wartenden und erzählte ihnen von dem Messias. Wieviel Sünde ist doch in unserm Leben Tag für Tag dadurch, daß wir von allem andern zueinander reden, nur nicht von Jesus, dem Heiland. Wir reden über den Nächsten und seine Sünde, wir reden geistreiche und kluge, leere und törichte Dinge, aber von dem König und seinem Reich schweigen wir. Die Schlachten, die im Reich Gottes geschlagen und die Siege, die dort erfochten werden in heißem, oft einsamem Kampf draußen auf den Missionsfeldern oder anderswo, sind für die wenigsten seiner Gläubigen der Inhalt ihres Gespräches.

Jesus ist auch heute der Kommende. Unser König kommt und sein Reich mit ihm. Werden wir ihn erkennen bei seiner Wiederkunft? Wenn wir uns so wenig kümmern um das, was des Herrn ist, und so wenig achten auf das, was er in seinem Wort über sein Kommen sagt, dann könnte es wohl geschehen, daß es uns gehen möchte wie den Priestern zu Jerusalem, die im Tempel waren, als Joseph und Maria das Jesuskind zur Beschneidung brachten, und keiner von ihnen hat in dem Knäblein den Messias und Heiland der Welt erkannt. Nur Simeon und Hanna sahen ihn, weil sie ihr Leben lang auf den Herrn Wartende waren.

Das ist die starke Bewegung, in die das Wort der Erlösung das Leben der Frau hineinstellt. Im Blick auf die Vollendung wird das Auge hell für das Ziel Gottes mit seiner Schöpfung. Von da erst kommt die große Linie des Reiches Gottes auch in ein armseliges Frauenleben.

Die ungenannte Frau des gottlosen Priesters Pinehas ist ein ergreifendes Beispiel dafür. In glaubensarmer Zeit hält sie fest an der Herrlichkeit Gottes. Und als diese von Israel genommen ist, da ist auch für sie alles andere belanglos. Selbst die Nachricht, daß sie einem Knaben das Leben geschenkt hat, wird von ihr nur mit dem einen Wort entgegengenommen: „Die Herrlichkeit ist dahin" (1. Sam. 4, 17–22).

Nun sind die Kämpfe der Frau hineingebaut in den großen Kampf der Gemeinde um die Herrschaft Gottes unter den Menschen und darum, daß Gemeinde werde unter uns. Sie selbst ist Glied einer großen Kette. Und jeder verborgene Sieg an einer für die öffentliche Meinung bedeutungslosen Stelle bedeutet Sieg für das organische Ganze und löst Kräfte aus, Kräfte unauflöslichen Lebens für alle. Hier in der wartenden Gemeinde ist der eigentliche Lebensraum der Frau, da die ihr vom Schöpfer verliehenen und in der Erlösung gereinigten Gaben zu einer ungeahnten Entfaltung kommen.

Das Wort des Lebens zu bewahren ist ihr anvertraut. Bewahren in einem feinen, guten Herzen, das Wort nicht aus dem Herzen lassen. Hier geht etwas von dem vor, was Jesus im Gleichnis vom vierfachen Ackerfeld schildert. Der Feind hat nichts Eiligeres zu tun, als uns das Wort aus dem Herzen zu reißen. Wenn nun die Frau jenes stille, einem tiefen Brunnen vergleichbare Herz hat, das Wort Gottes aufnimmt und bewahrt, behütet, bewegt, dann ist damit etwas Großes ausgesagt. Nicht vergräbt, sondern bewahrt. Wie Maria die Worte bewahrte, die den Hirten verkündet waren, und alles das im Herzen behielt, was ihr Sohn geredet hatte. So ist sie die göttliche Zeugin dessen geworden, was Lukas uns erzählt, was Matthäus berichtet von der Zeit der Kindheit und Geburt Jesu. Diese Botschaft bewahren gehört zu der Treue, die bei den Dienerinnen Gottes, den Diakonissen, nach 1. Tim. 3, 11[22] vor andern gesucht wird: zuverlässig – treu in allen Dingen. Auch dies Wort muß wieder neu vor uns aufleuchten. Es ist wie ein verschüttetes Kleinod den meisten verborgen. Es ist geradezu erschütternd, wie wenig von diesem Bewahren, Behalten des Wortes Gottes in der Gemeinde ist unter denen, die sich nach der Bibel nennen. Das ist nicht ein äußeres Festhalten am Wort, das ist das Bleiben im Wort und das Bleiben des Wortes in uns, von dem Jesus in Joh. 15 spricht, die Speise, die den

22 Über diese Stelle sind die Ausleger aller Jahrhunderte verschiedener Meinung, vgl. vor allem W. Brandt in seinen wertvollen Ausführungen „Dienst und Dienen im Neuen Testament" (in: Neutestamentliche Forschungen, herausgegeben von D. Otto Schmitz, Zweite Reihe: Untersuchungen zum Kirchenproblem des Urchristentums. Gütersloh 1931, Bertelsmann), wo er die weibliche Diakonie unterscheidet von der Liebestätigkeit der Witwen, 1. Timotheus 5, 1 ff. Brandt führt Seite 173—185 aus, daß neben den männlichen Diakonen schon in der alten Kirche die weiblichen, die Diakonissen, gestanden haben. Vgl. auch das Weihegebet der Diakonissen aus den apostolischen Konstitutionen am Schluß des Lebensbildes von „Mirjam, die Schwester des Propheten".

Organismus aufbaut, unseres Lebens Leben. Zu dieser hohen Berufung, daß Christus selbst durch das Wort, das wir im Glauben haben, in uns wohnen will (Eph. 3, 17), nehmen wir unsere Zuflucht. Dabei erleben wir, daß Gott größer ist als unsere Veranlagung, mächtiger als alles, auch das, was im Lauf der Jahrtausende durch die Auswirkung des Gerichts über das Frauengeschlecht gekommen ist (1. Mose 3, 14. 17).[23]

Dem Wort gib dich gefangen.
Was es verbieten tut, nach dem hab kein Verlangen;
was es dich heißt, ist gut.
Wer darin tut abscheiden,
der lebet darin ewiglich bei Christo in den Freuden.

Hans Sachs, 1494–1576

23 Gott spricht den Fluch über die Schlange als Verführer und über die Erde aus (Vers 17), aber nicht über den Menschen (vgl. Vers 15, 16. 19).

Elisabeth –
die Mutter des Täufers

Immer wieder geht es nach der seltsamen Weise: was verachtet ist vor der Welt, das hat Gott erwählt. Waren die Priester Zacharias und seine Frau Elisabeth auch fromme und ehrbare Leute, so umgab sie doch ein schwerer Schatten. Wie ein dunkles Rätsel lag es über ihrem langen Leben: rechtschaffen, gottesfürchtig – und doch keine Kinder. Man hatte sich damit zufrieden gegeben in der Verwandtschaft, bei den Freunden; sie lebten ja auch so zurückgezogen droben auf dem Gebirge. Aber Zacharias und seine Frau hörten nicht auf, Gott ihres Lebens Leid und ihres Herzens Wunsch unaufhörlich vorzutragen. Sie hatten sich nicht damit abgefunden.

Es war in der Zeit, als die Reihe an Zacharias war, daß er des heiligen Amtes als Priester walten sollte. Da ging er eines Morgens, wie es die Ordnung verlangte, das Rauchopfer im Heiligtum vor Gott darzubringen. Vor dem buntgewirkten Vorhang, der den Altar von dem Heiligsten trennt, in das selbst der Hohepriester nur einmal im Jahr eintreten durfte am großen Versöhnungstag, da stand der mit Gold überzogene Räucheraltar, auf dem allmorgendlich ein Rauchopfer von den kostbarsten Gewürzen und seltensten Kräutern zum Gottesdienst dargebracht wurde. Draußen im Vorhof hatte sich die Menge der Gläubigen versammelt, die mit schweigendem Gebet den Priester bei seinem heiligen Tun begleiteten. Und wie mag Elisabeth in der Ferne jeden, so auch diesen Morgen zu der festgesetzten

Stunde im Geist sich mit dem Gebet des Priesters verbunden haben. Lag auf ihrem Hause ein Bann, daß Gott nicht segnen und ihre Bitte um Kindersegen nicht erhören konnte?

Und nun geschieht das Unerhörte. Sie wagen es kaum zu glauben. Dem Zacharias erscheint zu dieser Morgenstunde der Engel Gottes, Gabriel, der vor Gott steht, und verkündigt ihm, daß Gott sein Gebet erhört habe und Elisabeth in ihrem Alter noch einem Sohn das Leben geben werde. Zacharias hat nicht viel davon erzählen können. Der draußen verharrenden Volksmenge konnte er nur mit der Hand abwinken, sein Mund war stumm. Er hatte der Botschaft des Engelfürsten nicht geglaubt; es war nur ein zögerndes Fragen, doch Gott nimmt es genau mit seinen Kindern und läßt ihnen nichts durchgehen. In dem staunenden Zweifel an den Worten Gabriels (zu deutsch Mann Gottes) hat sich Zacharias an Gottes Wort selbst versündigt; denn das „sollte Gott gesagt haben" ist ein Wort Satans (1. Mose 3, 1) und steht unter Gottes Fluch. Als nun seine Amtszeit um war und er wieder nach Hause zurückkehrte, da berichtete er seiner Gefährtin mit Hilfe einer Schreibtafel von dieser wundersamsten Stunde seines Lebens. Auch von seinem Staunen und Zögern sagte er ihr und der darauffolgenden Strafe, daß er stumm sein sollte, bis das geschehen wäre, was ihm zu schwer zu glauben schien. Mit großer Treue und fröhlichem Glauben hat Elisabeth alles aufgenommen, was ihr berichtet wurde. Und all die Monate des hoffenden Wartens hat sie nicht abgelassen mit Bitten und Danken, um sich zurüsten zu lassen, diese wunderbare Gabe Gottes zu empfangen.

Sie sollte die Mutter des Mannes werden, der, mit dem

Heiligen Geist Gottes erfüllt, das Kommen des Messias, des Langersehnten, vorbereiten sollte. Wieviel Treue im Aufhorchen auf Gottes Führen und Reden brauchte es, um diese hohe Aufgabe zu erfüllen. Werkzeug Gottes in einem besonderen Sinn, Gefäß seiner Herrlichkeit sollte sie sein. Hatte nicht der Engel gesagt, der Knabe würde noch im Mutterleib mit dem Heiligen Geist erfüllt werden? Mit wahrer Ehrerbietung mag sie das Kindlein erwartet haben, den sie Johannes – Gottes Gnade – nennen sollte. Und als die Stunde kam und alle Verwandten und Nachbarn kamen, um sich mitzufreuen und die Barmherzigkeit Gottes mit den Eltern zu preisen, sahen sie nur den Sohn des Zacharias in ihm und waren schon dabei, ihn so zu nennen am Tag seiner Beschneidung. Da wagt es die Mutter, aus ihrer Zurückgezogenheit herauszutreten, die ihr als Frau im Morgenland zustand und entgegen allen gewichtigen Stimmen der gesamten Verwandtschaft sagt sie mit großer Bestimmtheit und fester Überzeugung: „Nein, er soll Johannes heißen." Das hat sie als Geheimnis in ihrem Herzen getragen, hatte mit keinem darüber geredet, wie es doch sonst der Frauen Art ist. Nun war die Stunde gekommen, da sollte sie es frei bekennen vor der Übermacht der Sippe: hier hat Gott geredet und gehandelt, hier gelten seine Ordnungen, Menschen haben hier nichts mehr zu bestimmen. Stark und entschlossen steht sie da, die Mutter des Täufers, würdig des Sohnes, der einst den Messias erkennen, taufen und bezeugen wird, den Jesus selbst als den Größten unter den Menschen des Alten Testaments bezeichnet, und der als letzter Märtyrer der Gottesgemeinde für seinen Gott sterben darf. Wie stark muß die Gottverbundenheit und der Glaube einer Frau sein, die eines solch hohen Amtes gewürdigt wurde (Luk. 1, 5–25; 57–66).

Und als Maria, die so viel jüngere Anverwandte, auf den Befehl des Engels zu ihr in die Einsamkeit der Berge Judas kommt, um ihr von der wunderbaren Begegnung zu sagen, da ruft sie in heiliger Freude aus: „Woher kommt mir das, daß die Mutter meines Herrn zu mir kommt?" Und mit Worten voll Heiligen Geistes bestärkt sie die Jungfrau in ihrem steilen Weg, der für Menschenaugen voll spitzer Dornen lag (Luk. 1, 39–45). Sie ermutigt Maria im Auftrag Gottes und verheißt ihr die Erfüllung dessen, was sie geglaubt hat. Da wird Elisabeth selbst zur Prophetin im paulinischen Verständnis der Weissagung, die Mutter des letzten alttestamentlichen Propheten und des ersten, der mit ausgestrecktem Finger auf den Messias als das Lamm Gottes hinweist. Wie muß sie ihrem Knaben schon in frühester Jugend von den Männern des Glaubens erzählt und ihm vom Messias gesagt haben, der kommen würde, sein Volk zu erlösen als der große Knecht Gottes, das Lamm, das zur Schlachtbank geführt wird (Jes. 53 und Johannes 1, 29 u. 36). Wahrlich ein hoher Auftrag und ein Leben aller Enttäuschung und Einsamkeit wert, die es brauchte, um Elisabeth dafür auszurüsten.

Glanz der Herrlichkeit, du bist vor der Zeit
zum Erlöser uns geschenket
und in unser Fleisch gesenket
in der Füll der Zeit, Glanz der Herrlichkeit.

Großer Siegesheld, Tod, Sünd, Höll und Welt,
alle Kraft des alten Drachen
hast du wolln zu Schanden machen
durch das Lösegeld deines Bluts, o Held.

Höchste Majestät, König und Prophet,

deinen Zepter will ich küssen;
ich will sitzen dir zu Füßen,
wie Maria tät, höchste Majestät.

Johann Anastasius Freylinghausen, 1670–1739

Maria –
die Mutter des Herrn

Ein Mädchen, eine Frau, eine Tochter Evas, wie alle vor und alle nach ihr. Und doch etwas Einzigartiges. Es ist bei Maria schon etwas von dem zu spüren, was uns in Jesus Christus vollendet geschenkt ist: der unbedingte Gehorsam, das unter Gott sich Stellen, in rückhaltloser, restloser Beugung. Wer so unter Gott steht, der ist auf dem Wege, die ursprüngliche Herrscherstellung zurückzugewinnen über Sünde und Teufel nach dem Wort des Schöpfers an Kain: Du aber herrsche über sie – die Sünde, die nach dir Verlangen hat. Dienend erobert die Frau sich wieder diese von Gott verliehene Herrschaft über die Geschöpfe, aber nur die von Christus erlöste Frau. Denn Jesus allein ist es, der die Macht der Sünde gebrochen hat als der verheißene Schlangentöter. Wer in seiner Nachfolge dient, der hat es mit einem besiegten Feind zu tun, einem Ungeheuer, dem der Kopf zertreten ist, dessen letzte Stunde geschlagen hat.

Ist es nicht, als ob in dem unbeschreiblich hehren Engelsgruß (Luk. 1, 28ff.) Maria eine Kraft mitgeteilt würde, in der sie alles zu besiegen in Stand gesetzt wird, was sich an menschlich nur allzu begreiflichen Einwänden dem Wunder Gottes, das sich in ihr vollziehen soll, entgegensetzen könnte? „Der Herr ist mit dir", da müssen alle anderen Stimmen schweigen. Maria erschrickt. Was soll das? Ist sie nicht eine schlichte Jungfrau, arm und ungelehrt? Von irgend etwas Ungewöhnlichem ist ihr nichts bewußt, ihr Leben ist unscheinbar und bis jetzt in völliger Bedeutungslosigkeit dahingegangen. Was kann Gott von ihr wollen? Und dann kommt das Unfaßliche und doch von jeder Frau in Israel so heiß Begehrte: Du sollst die Mutter des Messias sein! Wie stark muß ihr ganzes Denken und Trachten, ihr Wünschen und Begehren in diesen göttlichen Linien gegangen sein bisher, daß diese Botschaft überhaupt nur ein Gehör und dieses Verständnis bei ihr finden konnte. Mehr als das, daß dieser schlichte, widerspruchslose Gehorsam die Antwort auf die Botschaft des Engels war. „Siehe, ich bin des Herrn Magd, mir geschehe, wie du gesagt hast." Das ist das einzige, was sie erwidert. Völlige Bereitschaft, rückhaltloser Gehorsam. In den langen Jahrtausenden hat Gott sich ein Werkzeug bereitet, eine schwache Frau, ein, wie man allgemein annimmt, noch junges Mägdlein, das schwach genug ist, um sich selbst nichts zuzutrauen, und demütig genug, um nichts zu wollen als Gottes Ehre allein.

In Maria reift der Glaube derer aus, die auf den Herrn hoffen, seitdem Gott die Verheißung vom Weibessamen in die gefallene Welt hineingesprochen hat. Maria ist das irdische Gefäß dieser zur Erfüllung herangereiften, vollkommenen Glaubensfrucht. Alle Leiden und Kümmernisse, alles Sehnen und Hoffen der Menschheit wird in dem Glauben dieser Frau zusammengefaßt. Das ist gleichsam die Antwort der ganzen glaubenden Gemeinde von vier Jahrtausenden: „Siehe, ich bin des Herrn Magd" – Dein Wort allein hat Geltung im Leben deiner Glaubenden — „mir geschehe, wie du gesagt hast." — Der himmlische Bote verläßt die Begnadete. Es ist keine Furcht in ihr. „Sie stand auf in den Tagen und ging auf das Gebirge eilends", berichtet Lukas (1, 39), der alles von Anbeginn mit Fleiß erkundet hat (1, 3). Da war nichts von dem, was uns von anderen Menschen erzählt wird, die eine himmlische Erscheinung hatten, nichts von dem, was bei Daniel (Dan. 10, 15), bei Zacharias (Luk. 1, 12) oder bei Paulus von Damaskus (Apg.9,4) vor sich ging. Maria war für dieses einzigartige Wunderwirken Gottes, das an ihr geschehen würde, so vorbereitet, daß unter den Worten Gabriels das menschliche Staunen dem Handeln Gottes weichen mußte. Wo Gott in seiner Allmacht handelt, da wird jeder Gedanke, jeder Schritt und jedes Wort ein göttliches Werk. Dafür ist die Begegnung der beiden so begnadeten Frauen, Maria und Elisabeth, ein liebliches und erhabenes Beispiel. In das Herz der Jungfrau ist der hohe Geist des heiligen Gottes eingezogen. Ein wunderbares Lied bricht sich Bahn wie ein Jahrtausende lang aufgehaltener Strom, von Gott eingegebene Weissagung.[24] Es fehlen uns die Worte und die Fähigkeit, diesen Tiefen auch nur ahnungsweise nachzukommen. Luther hat es versucht in seinem Büchlein über das Magnifikat, wie die alte Kirche den Lobgesang der Maria nennt.[25] In diesem einzigarten Psalm ist eine Schau der Wege Gottes und Erkenntnis des göttlichen Heilsplans gegeben, wie sie in dieser Höhe und Weite, Tiefe und Breite erst nach Pfingsten der Gemeinde zuteil geworden ist. Dieses Lied ist nur vom Kreuz her zu erfassen und ohne das leere Grab des Auferstandenen verblaßt es und wird zu einer Hymne, deren es viele gibt. Es ist aber in Wahrheit das Lied der alten und der neuen

24 1. Korinther 12 u. 14. Vgl. was Paulus über die Gabe der Weissagung sagt.
25 Lobgesang der Maria, Lukas 1, 46—55. Vgl. Martin Luther, das Magnifikat. Herausgegeben von Walter von Loewenich. 90 Seiten. Verlag Chr. Kaiser, München. Z. Z. vergriffen.

Gemeinde, das als prophetisches Wort an der Scheide zwischen beiden steht und sie zu einer zusammenschließt, zu der erlösten Gemeinde des Gesalbten – des Christus Jesus.[26]

Und doch – Maria hat auch einen Heiland gebraucht wie jeder andere Mensch und mußte mit dem Geist von oben getauft werden wie die übrigen Gläubigen. Das hohe, einzigartige Vorrecht, den Heiland der Welt als Kindlein unter ihrem Herzen zu tragen, ohne doch in eheliche Gemeinschaft mit einem Manne zu treten, ist solch ein zartes Wunder, daß wir nicht heilig genug damit umgehen können, allem törichten und teuflischen Gerede zum Trotz. Aber die ihm Mutterdienst tun durfte Jahr um Jahr, war dadurch nicht dem Gesetz des Reiches Gottes enthoben, nach dem keiner gerettet werden kann, ohne zu glauben. Und so beginnt für Maria die Schule des Glaubens im Umgang mit Jesus, dem Sohn Gottes, der zugleich nie verleugnet, daß er der Mariensohn ist, ja, der noch am Kreuz als Heiland der Welt an ihr Mutterherz denkt und für sie sorgt.

„Was er euch sagt, das tut", mit diesem glaubensstarken Wort hat sie die Diener bei dem Hochzeitsessen zu Kana ermuntert, dem Wort des Sohnes Gehorsam zu leisten. Und als Jesus sie zurückweist, da läßt sie es

26 „Die Frau in der Gestalt eines einfachen Mädchens wird zu diesem großen Werk berufen. Sie ist die erste, der die Verkündigung widerfährt; und die erste, die daran teilnimmt, ist eine Priestersfrau in einem kleinen Dörfchen in den Bergen von Judäa, die der Heilige Geist erleuchtet, während ihr Mann mit Stummheit geschlagen wird. Das wunderbare Geheimnis des kommenden Ereignisses, das die Weltgeschichte beherrschen wird, wird monatelang durch diese beiden Frauen gehütet, und das erste Loblied zur Verherrlichung der großen Taten Gottes wird von einer Frau gesungen." van Asch van Wijck a. a. O. S. 56.

demütig geschehen, sie weiß, er steht unter Gott, und in diese Gottverbundenheit kann kein Mensch, auch die leibliche Mutter nicht, hineingreifen; aber sie muß es lernen, daß der Mariensohn auch ihr, der Maria, Heiland und Retter ist. Er ist der Meister, der nur solche als Jünger brauchen kann, die ihm gehorchen und ihm rückhaltlos vertrauen. Und Maria, die Mutter des Herrn, gehört zu ihnen. In unbeugsamer Treue und starker Glaubenszuversicht steht Maria beim Kreuz ihres Sohnes. Wäre sie irre an ihm geworden und an seiner Sendung, sie hätte den Weg zum Galgen gescheut und sich geschämt, als Mutter eines Verbrechers dazustehen. So steht sie da mit ihrer Schwester und jener Maria Magdalena, die Jesus von der Besessenheit geheilt hatte. Drei Frauen, schwach und doch stark, zusammen mit dem einen Jünger, dem Johannes, der seinen Herrn auch in dieser Stunde nicht verließ, und dem dieser dann die Mutter anvertraute, daß er sie in sein Haus nehme und für sie sorge.

Anbetend stehen wir davor, daß es Gott gefallen hat in seiner großen Barmherzigkeit, diese armen Töchter Evas so vor andern zu begnadigen, daß sie den Sohn Gottes, den Messias, bis unters Kreuz begleiten und somit Zeugen sein durften von der größten Stunde der Menschheitsgeschichte, da der Fluch aufgehoben und der große Weibessame, der verheißene Retter, der Schlange, dem Teufel und Satan, den Kopf zertreten und das Wort aus dem Paradies zur Erfüllung gebracht hat.

Zum letztenmal zeigt uns die Bibel Maria unter den Wartenden zu Pfingsten. Durch das Wort ihres Gottes zum höchsten Gehorsam gerufen und begnadigt, ist es wieder das Wort, das sie zu einer Gehorchenden macht, indem sie wartet mit den Jüngern auf die Verheißung des Vaters, von der der Sohn zu ihnen geredet hatte vor seiner Auffahrt. So steht Maria vor uns als eine, deren ganzes Leben einzig und allein auf das Wort gerichtet und gegründet ist. Das heißt Jesus dienen.

Das einige Notwendige ist Christi teilhaft sein,
und daß man ihm behändige Geist, Seele und Gebein.
Dann geht man seinen Gang gewiß
und weiß, daß man durch keinen Riß
sich von der Hand, die nie läßt gehn,
getrennet werde sehn.

Christian Renatus Graf von Zinzendorf, 1727–1752

Maria von Magdala –
Er macht die Hartgebundenen frei

Wer von den Hexenprozessen im Mittelalter gelesen hat, oder auch aus neuerer Zeit von den erschütternden Beschreibungen der Vorgänge bei Fällen von Besessenheit etwas weiß, der hat eine Ahnung davon, was in dem kargen Wort des biblischen Berichtes enthalten ist: „Maria Magdalena, von welcher Jesus sieben Teufel ausgetrieben hatte."

Ein Frauenleben voll unbeschreiblichen Elends. Nicht mehr ihrer selbst mächtig, war sie allem und allen preisgegeben. Die Schaulust der Jugend und des gemeinen Volkes konnte sich an ihr weiden, ehrbare Leute – die Frommen wollten nichts mit ihr zu tun haben. Sogar die Mitleidigen unter dem Volk konnten nichts mehr mit ihr anfangen, und sich selbst war sie in solchen Augenblicken zum Ekel und zur Qual. Da brach die Hilfe herein.

Der unscheinbare Rabbi von Nazareth, der Wanderprediger, Jesus genannt, war in ihre Gegend gekommen. Und wie sie ihm die Blinden und Tauben, die Lahmen und Aussätzigen brachten, und er sie alle heilte, sollten auch die Besessenen, die Ärmsten unter den Armen, deren Leib gefesselt und deren Seele gepeinigt war und die ausgestoßen schienen von jeder Gottesgemeinschaft, zu dem großen Wundertäter gebracht werden.

Und wirklich, die Teufel gehorchten ihm. Oft mit wü-

tendem Geschrei, unter Protest und heftiger Gegenwehr, aber sie müssen ihm gehorchen, denn sie erkennen
in ihm den mächtigen Davids-Sohn, der von Gott gesandt ist, in das Reich des Teufels und seiner Dämonen
einzubrechen und ihnen ihre Opfer zu entreißen. Die
Teufel erkennen ihn als Herrn an zu einer Zeit, da
noch kaum einer unter den Menschen in ihm den Herrn,
den Heiligen Gottes, erkennt und ihn anbetet.

Aus der furchtbaren Zwingherrschaft des Satans befreit
Jesus die arme geknechtete Frau. Ist es da zu verwun-
dern, daß wir sie, geheilt an Leib und Seele, mit klarer
Vernunft und einem starken, liebenden Herzen wiederfinden unter den Frauen, die Jesus nachfolgen und ihm
dienen mit dem, was sie an äußerem Gut besitzen? Der
Meister soll sich nicht kümmern müssen um den Unterhalt für sich und die zwölf Jünger, die doch alle ihren
Beruf aufgegeben hatten und nichts mehr verdienten.
Mit großer Selbstverleugnung und Hingabe haben sich
diese Frauen aufgemacht und ihren guten Ruf und alle
Bequemlichkeit auf die Seite gestellt. Unter ihnen war
vielleicht manch eine, die dasselbe Los mit Maria Magdalena geteilt hatte und nun dankbar und glücklich,
gelöst von allem Druck der Schwermut und befreit von
der Tyrannei des Teufels, ihrem Retter Dank erweisen
wollte. Geringe und Vornehme, bis hin zu der Frau
eines hohen königlichen Beamten, durchzogen sie das
Land mit den schlichten Fischersleuten und ihrem Meister.

Und dann, als aus dem Hosiannarufen das „Kreuzige,
kreuzige ihn" geworden, da finden wir die Maria von
Magdala wieder unter den wenigen Getreuen, die mit
dem Zug zur Richtstätte gegangen waren und bis zum

Ende auf dem Berg, wo der Galgen stand, ausgehalten hatten. Da wurde eine Kraft der Treue sichtbar, die wohl kaum jemand dieser schwachen Frau zugetraut hatte. Da, wo der Heilige Geist anstelle des Ichgesetzes, des Geistes von unten, tritt und Besitz nimmt von einer Seele, da reinigt und füllt er das neue Haus und macht aus ihm eine Wohnstätte der Treue und der Liebe als einem Tempel Gottes.

Und so darf Maria Magdalena auch die erste Zeugin seiner Auferstehung sein am Ostermorgen. Die Sonne war noch nicht aufgegangen, da machten sich die Frauen schon wieder auf den Weg. Sie wollten den Leichnam einbalsamieren und damit bezeugen, daß Jesus für sie nicht der Verbrecher sei, wozu die schmachvolle Kreuzigung ihn hatte stempeln wollen, sondern nach wie vor der Meister und Prophet. Da finden sie das Grab offen und Engel in glänzendem Gewand auf dem Stein sitzen, mit dem das Grab verschlossen war.[27]

Niemals soll es die Gemeinde Jesu Christi vergessen, daß es schwache Frauen waren, die zuerst aus Engelsmund die herrliche Botschaft vernommen haben: Christus ist auferstanden. Ja, mehr als das, Jesus selbst erscheint der am leeren Grab bitterlich Weinenden. Sie kann die Engelsbotschaft nicht fassen, sie hört nur das eine heraus: er ist nicht hier. Da kommt der Herr selbst und zeigt sich ihr. Er, der ihre Seele einst befreite von schwerem Druck und von den Fesseln der Sünde, er

27 „Die Frauen sind am Ostermorgen als erste am Grab. Deshalb hören sie auch als erste die Osterbotschaft; deshalb sehen sie auch als erste die Engel und den Auferstandenen; und sie sind die ersten berufenen Prediger der frohen Botschaft von der Auferstehung." van Asch van Wijck a. a. O. S. 51.

weiß, was ihr Gemüt zu tragen imstande ist, und so naht er sich in Menschengestalt und gibt sich ihr zu erkennen. Mit unendlicher Zartheit zeigt er ihr, was anders geworden ist nun, da er im Auferstehungsleib vor ihr steht: „Rühre mich nicht an." Er ist derselbe und doch ein Anderer, die Vertrautheit, die er als Mensch mit den Seinen gepflegt hat, macht einem Abstand Raum, der dem Auferstandenen gebührt. Aber er nennt sie weiter bei ihrem Namen, und die Jünger bleiben seine Jünger, und Maria Magdalena darf ihnen die Kunde bringen, daß er auferstanden ist und auffahren wird zu Gott, seinem Vater. Dieser Gott ist auch ihr Gott und dieser Vater ihr Vater. So lehrt er sie und zeigt ihnen seine Huld und Liebe zu gleicher Zeit.

Wo sind sie, die Frauen, die Jesus mit ihren Gaben dienen? Wenn alle, die Jesus gerettet, geheilt hat, ihm ganz zur Verfügung stünden, mit allem, was sie sind und haben, wie anders würde es aussehen in der großen Not von heute!

Oder fehlt es daran, daß wir uns nicht von Grund auf haben lösen lassen von dem, was uns gebunden hält und ungefügig machen will zum Dienst? Maria Magdalena hatte den Mut und den Glauben, sich lösen zu lassen von sieben Teufeln. Ja, sie hatte die Demut, wahrzuhaben, daß sie von sieben Teufeln geplagt war und hat sich dieser Heilung nicht geschämt. Ein Leben des Dankes und der völligen Hingabe ist nur da möglich, wo man sich zu seiner Schuld stellt und eine ganze Lösung sich vollzieht. Aber Jesus heilt und löst nicht über uns hinweg: „Was willst du, daß ich dir tun soll?" fragt er und fordert damit den ganzen Menschen und enthebt ihn damit jeglicher Tyrannei. So löst er die Gebundenen Satans und bindet sie an sich in heiliger Freiwilligkeit, Dankbarkeit, Liebe und Treue.

Es gibt viel mehr von diesen Gebundenen unter uns, als wir wissen oder wahrhaben wollen. Wir dürfen nicht vergessen, daß wir der Zeit immer näher kommen, von der die Offenbarung des Johannes spricht (12, 12). Und wenn schon der Herr während seiner Erdenzeit sagt: „Ich sah den Satan vom Himmel fallen als einen Blitz" (Luk. 10, 18; Joh. 12, 31), so geht daraus deutlich hervor, daß zwischen dem ersten und zweiten Kommen des Herrn in der Welt der Dämonen eine Bewegung verzweifelter Gegenwehr in zunehmendem Maße um sich greift. Wir können das nicht wirklich und konkret genug nehmen. Aber es ist eine der erfolgreichsten Listen Satans, sich unglaubhaft und unwirklich zu stellen oder sich die Narrenkappe umzuhängen, damit er nicht ernst genommen werde. Denn wen man nicht ernst nimmt, den bekämpft man nicht. Dann hat alles seine gute Ruhe, bis die Menschheit vollends ganz durchseucht ist von diesem Gift. Dazu gehört auch das vermeintlich harmlose Tischrücken und das wie eine Narrenschelle anmutende Maskottchen im Auto, das Horoskop-Stellen und andere okkulte Bräuche. Und 5. Mose 18 wird vergessen, denn das wird eben auch nicht ernst genommen! Wenn man Medien als Besessene im Sinn des Neuen Testaments bezeichnet, so wird das als grausame Unduldsamkeit gebrandmarkt. Wahre Barmherzigkeit scheut sich nicht, diese Dinge beim Namen zu nennen. Sie deckt nicht nur schonungslos das Verderben auf, sondern zeigt den Retter: Er ist da, der Satan besiegt und ihm sein Recht genommen hat. Die Zeit ist nicht fern, da Satan ganz auf die Erde geworfen wird. Dann wird ihm endgültig alle Macht genommen, wenn der Herr in seiner Herrlichkeit erscheint. Wundern wir uns darum nicht, wenn Satan jetzt in unseren Tagen – solange er noch Zeit hat – die verzweifeltsten Anstrengungen macht, noch so viel Beute zu erhaschen als nur möglich. Und das gelingt ihm nur zu gut, weil auch unter Christen seine Machenschaften nicht erkannt und bagatellisiert werden. Wenige nehmen alles, was mit dem Okkulten zusammenhängt, so ernst wie Gott es nimmt in seinem Wort.

Viel mehr Krankheiten, als man ahnt, hängen zusammen mit einem „Geist der Hinfälligkeit" (Luk. 13, 11), der den Kranken psychisch lähmt und bindet als ein Geist von unten. Hier die frohe Botschaft zu verkündigen: Er macht die Hartgebundenen frei, das ist das Vorrecht der Kinder Gottes, die selbst in der Freiheit stehen. „Gott dienen ist Freiheit", sagt Oetinger, der auch etwas wußte von den Gebundenen Satans, wie nach ihm Joh. Chr. Blumhardt, Joh. Seitz und andere. Auch heute noch gibt es solche. Diese aber spielen nicht mit des Messers Schneide und meiden alle Grenzgebiete, um nicht vom Sog der okkulten Wellen mitgerissen und verschlungen zu werden. Hier muß auch vor der Anthroposophie ernst gewarnt werden. Weil wir die Kraft des Wortes diesen unheimlichen Mächten gegenüber nicht mehr kennen, geschweige denn gebrauchen, haben wir auch so wenig Macht gegen die Verächter des Worts. Es ist eine „Versteppung" des Glaubenslebens im Gange! „Wehe denen, die auf Erden wohnen, denn der Teufel kommt zu euch herab und hat einen großen Zorn und weiß, daß er nur wenig Zeit hat" (Off. 12, 12). Daneben aber steht das andere Wort: „Aber der Gott des Friedens zertrete den Satan unter eure Füße in kurzem.

Die Gnade unsers Herrn Jesu Christi sei mit euch"
(Röm. 16, 20.).

Daß Jesus siegt, bleibt ewig ausgemacht,
sein wird die ganze Welt.
Denn alles ist nach seines Todes Nacht
in seine Hand gestellt.
Nachdem am Kreuz er ausgerungen,
hat er zum Thron sich aufgeschwungen.
Ja, Jesus siegt!

Ja, Jesus siegt! Seufzt eine große Schar
noch unter Satans Joch,
die sehnend harrt auf das Erlösungsjahr,
das zögert immer noch,
so wird zuletzt aus allen Ketten
der Herr die Kreatur erretten.
Ja, Jesus siegt!

Ja, Jesus siegt! Wir glauben es gewiß,
und glaubend kämpfen wir.
Wie du uns führst durch alle Finsternis,
wir folgen, Jesu, dir.
Denn alles muß vor dir sich beugen,
bis auch der letzte Feind wird schweigen.
Ja, Jesus siegt!

Johann Christoph Blumhardt, 1805–1880

Die Frau aus Samaria

Wir wissen ihren Namen nicht. Aber das wissen wir, daß ihr Name im Himmel geschrieben ist und das ist das Größte, was man von einem Menschen wissen kann. Jesus selbst hat sich ihr zu erkennen gegeben. Was er bei Nikodemus, dem frommen Theologen, noch nicht tun konnte, weil noch so viel Schutt althergebrachter Vorstellungen und vorgefaßter Meinungen da war, das konnte er dieser armseligen Frau offenbaren: „Ich bin's, der mit dir redet." Wahrhaftig, die geistig Armen sind glücklich daran. Zu ihnen kommt das Himmelreich, kommt Jesus selbst mit seinem ganzen Reichtum, und sie greifen zu, weil man nur mit leeren Händen zufassen kann. Sie glauben, weil man mit einem Herzen, das sich seiner Armut und Unreinigkeit schämt, schneller begreift, was Jesus, der Reine, dem Herzen bringt.

Es war eine ganz alltägliche Begegnung. Wie gewöhnlich war die ungenannte Frau aus Samarien zum Jakobsbrunnen hinausgegangen, um Wasser zu holen für ihren Tagesbedarf. Man hat schon gemeint, daß die ungewöhnliche Mittagszeit für ihren Gang zum Brunnen ein Zeichen ihrer unordentlichen Lebensführung sei. Ich weiß es nicht, aber soviel geht doch aus der Geschichte hervor, daß sie ein liederliches Frauenzimmer war, mit der kein anständiger Mensch zu tun haben wollte. Und ausgerechnet mit dieser Person fängt Jesus eine Unterhaltung an. Er, der Mann, der Rabbi und dazu noch der Jude! Die Frau ist selbst erstaunt. Das geht über alles gewohnte Maß hinaus. Und sie, die nur Verachtung und Nichtbeachtung kannte, bittet der sonderbare Fremde, sie möchte ihm zu trinken geben. Es ist ein Stück Gemeinschaft, das ihr da entgegentritt, und argwöhnisch bringt sie ihre Einwände vor. Sie kann es nicht glauben, daß dies ernst gemeint sei. Da bekommt das Gespräch eine unerwartete Wendung. Vom „lebendigen Wasser" spricht Jesus zu ihr und daß er der sei, der es zu geben vermöchte. Die Frau horcht auf. Sie mißt den Mann vor ihr mit den Augen, er hat kein Gefäß, mit dem er Wasser schöpfen könnte, was meint er wohl mit dem seltsamen Wort?

Unwillkürlich gehen ihre Gedanken zu dem Erzvater Jakob. Damit hatte sie das Höchste berührt, was in ihrem elenden, zerrissenen Leben Raum hatte. Das hatte sie in der Jugend auch gehört, damit war sie aufgewachsen. „Unser Vater Jakob", soviel hatten die Samariter, die ob ihrer Unkenntnis in göttlichen Dingen bei den Juden sehr verachtet wurden, noch mitbekommen von den Vätern des Volkes. Als die Zerstreuten aus den zehn Stämmen Israels waren sie bei der Gefangenschaft durch die Assyrer mit den Heiden vermischt und ein unglückliches, verachtetes Mischvolk geworden.[28] Aber die Ahnung von einem Messias, der kommen soll, um alles wieder zurechtzubringen, war in einer der verlorensten Töchter Samariens doch haften geblieben.

Noch ist das Gespräch nicht an diesem Punkt angelangt, da greift Jesus plötzlich mit dem sichern Griff des Arztes mitten in die Wunde, an der dies Frauenleben verblutet. Er hatte ihr eben von dem lebendigen Wasser gesagt, Worte von unbegreiflicher Tiefe und Erhabenheit, wie sie keines Menschen Frömmigkeit auch nur

28 2. Könige 17, 24—41.

auszudenken oder gar auszusprechen wagen könnte.
Und das alles dieser losen Frau, die keine Ahnung von
wahrer Gottesanbetung und vom Heiligen Geist hat.
Da kommt die Bitte von ihren Lippen: „Herr, gib mir
von diesem Wasser, auf daß mich nicht dürste." Hatte
der Herr den Nachsatz nicht gehört, der mit einer Ba-
nalität das ganze Gespräch ins Alltägliche, ja mehr als
das, ins sündhaft Fleischliche herunter ziehen konnte
– „daß ich nicht herkommen müsse zu schöpfen"! Mit
göttlicher Großmut hört er nur ein Sehnen heraus und,
wissend, daß er allein dieses Sehnen zu stillen vermag,
wirft er den Lauf des Gespräches plötzlich herum, wie
der Steuermann das Steuer, und fragt nach ihrem Mann.
Sie weiß, daß sie vor diesen Augen nicht lügen kann,
sie sagt ohne Ausflucht und ohne Erklärung: ich habe
keinen Mann. „Du hast recht", antwortet Jesus – aber
tiefer schneidet das Messer des Arztes. „Fünf Männer
hast du gehabt, und den du nun hast, der ist nicht
dein Mann." Nun war es heraus – wie stand sie vor
dem fremden Mann da? Andere Männer hatten ihren
Spott mit ihr – für sie war sie die Dirne, mit der
man alles ungestraft treiben konnte, oder sie würdigten
sie keines Blickes noch Wortes. Aber dieser? Da leuchtet
etwas in ihrem Herzen auf – das muß ein Prophet
sein – so kann nur einer sprechen, der in ihr nicht
die Dirne, die gefallene Frau sieht, der man nur mit
Verachtung begegnet, sondern eine Menschenseele, die
Teil hat am Heil Gottes.

Sie hat dem heilenden Schnitt des Arztes standgehalten
und damit ihr Leben errettet. So einfach, so radikal
geht das zu, wenn kein Wenn und kein Aber, kein
Zudecken, kein Beschönigen da ist. So ist es, er hat
recht, und darum ist er auch der Einzige, der weiterhel-

fen und den Weg zum Vater zeigen kann. Er allein wird auch wissen, wann der Messias kommt, dann ist alles gut. Dann wird auch das verlorenste Leben zurecht gebracht, so rechnet sie in ihrer Einfalt und dem nun erwachten Verlangen nach Reinheit und Glück. Und dieser Frau sagt Jesus ohne Erklärung, ohne Verhüllung: Messias – Christus? Ich bin's, der mit dir redet. Und nun kommt etwas Merkwürdiges. Ihr eigenes kleines Leben verschwindet vor ihrem Blick, sie sieht die große, gottlose Stadt, deren Gottlosesten eine sie bisher gewesen war, und hier vor ihr steht der Messias, auf den sie doch alle gewartet haben, gewartet mit der Inbrunst von Kindern, die mitten in aller Bosheit und Zügellosigkeit ein so kindlich heißes Verlangen haben können nach Gutsein und nach Ruhe von Streit, wie Kinder nach der Mutter.

Und wie auf Befehl läßt die Frau ihren Krug stehen und läuft und läuft. Aber nicht von Jesus weg, nein, ihr ganzes Leben bleibt fortan bei ihm, sie ist seine Botin, sie geht in seinem Auftrag, obwohl er kein Wort davon zu ihr gesprochen hat. Und wohin eilt sie voll Eifer? Dahin, wohin wir Jünger gehen, wenn der Ruf Jesu uns getroffen hat. In ihre Heimatstadt, dorthin, wo man sie kannte als Sünderin, dorthin, wo sie nichts verbergen und beschönigen konnte. Im Gegenteil, daß alles, was sie gesündigt hatte, von einem Unbekannten aufgedeckt wurde, das war es, was allen, denen sie es sagte, den tiefsten Eindruck machte und sie zum Aufhorchen brachte. Und was die Jünger nicht fertiggebracht hatten, das vermochte diese Frau. Die ganze Stadt kam heraus zu Jesus an den Brunnen. Und wie es ist, wenn Gottes Stunde gekommen ist: sie glaubten an ihn um seines Wortes willen.

Und der Heiland der Welt bezeugt es seinen Jüngern, daß diese Begegnung mit einer Sünderin, die er noch in letzter Stunde aus des Teufels Rachen hatte herausreißen können, ihm eine Speise gewesen ist, von der seine Seele satt geworden ist.

Zwei Tage blieb er noch bei den auf den Messias hoffenden Leuten zu Samaria und teilte das Brot des Lebens aus. Das hatten sie nicht gedacht, als sie den Jüngern das Brot verkauften, während der Meister am Brunnen draußen wartete, daß dieser ihnen wenige Stunden darauf Lebensbrot geben und als hochgeehrter Gast unter ihnen wohnen würde zwei ganze Tage lang. Und als die Frau um jene heiße Mittagsstunde hinausgegangen war, um Wasser zu holen für den Haushalt, da hatte sie nicht im entferntesten daran gedacht, daß ihr, die des Lebens und seiner schalen Freuden überdrüssig war, heute noch ein solch tiefes, großes Glück zuteil würde, das ihr Leben verwandeln und sie zu einem reinen, frohen Menschen machen würde.

Der Meister aber sieht im Geist das Feld reif zur Ernte. Er sieht sie alle zur Lebensquelle eilen, die Hungernden und Dürstenden. Er weiß, nur kurze Zeit noch, dann wird auch in die entferntesten Städte der von den Frommen verachteten Samariter die frohe Botschaft von seinen Boten getragen werden (Apg. 8, 1. 4. 5). Die Frau aber, deren Name in keiner Missionsgeschichte verzeichnet ist, die Frau mit den fünf Männern, durfte als erste den Heroldsdienst tun (Joh. 4, 5–42).

Schwerer als den Mann traf Gottes Hammer
noch das Weib, da aus dem Paradies
er hinein in namenlosen Jammer
unsre ersten sündgen Eltern stieß.

Evas Tochter, wer kann je aussagen
deine Knechtschaft, deiner Schande Nacht,
bis *der* kam, der deinen Fluch getragen
und hinauf nach Golgatha gebracht!

Evas Tochter, eine Adelskrone
setzte dir, der alles einst geraubt,
er aus Liebe, sonder Lohne
auf dein müdes, gramgebeugtes Haupt.

Evas Tochter, denke an dein Gestern,
denke, was der Heiland dir getan.
Und dann geh und hole deine Schwestern
aus der Nacht zu deinem Licht hinan.

Rudolf Schmidt, gest. 1929
Direktor der Rheinischen
Missionsgesellschaft Barmen

Lydia –
die Purpurhändlerin

Wir stolzen Europäer vergessen es gar zu leicht, daß ein Hilferuf aus Griechenland, dem Land der freien Künste, der Dichter und Denker, den Apostel Paulus einst bewogen hatte, Asien zu verlassen und nach Europa zu kommen. Damit war die Wende in der Geschichte Europas eingetreten. Diese größte Stunde europäischer Geschichte verläuft still und verborgen, von keinem der Großen bemerkt und erkannt.

Ein einsamer Mann in einer großen Hafenstadt Kleinasiens hat ein Gesicht in der Nacht. Ganz deutlich erkennt Paulus den Mazedonier und hört in dem Flehen des Fremdlings, des Heiden: „Komm herüber und hilf uns!" mit großer innerer Gewißheit den Ruf seines himmlischen Herrn (Apg. 16, 1ff.). Nun kann ihn nichts mehr aufhalten, er eilt weiter, vorwärts, dem Westen zu.

„Japhet muß wohnen in den Hütten Sems" (1. Mose 9, 27). Es bleibt dabei, der Gott und Vater unseres Herrn Jesus Christus ist auch der Gott Sems. Das bricht in der Geschichte der Völker immer wieder durch, so wie es auch Jesus selbst ausspricht: „Das Heil kommt von den Juden" (Joh. 4, 22).

Und immer geht es ganz unscheinbar und verdeckt zu. Was ist denn Großes dabei? Ein jüdischer Mann, noch dazu von kleiner, unansehnlicher Gestalt, in der griechischen Landstadt, der römischen Kolonie Philippi, begleitet von einigen wenigen Männern, von denen einer ein halber Jude und zwei andere Heidenchristen sind? Und ist das etwas Weltbewegendes, wenn in dem kleinen jüdischen Gebetsplatz draußen am Flüßchen ein paar gottesfürchtige Frauen, die dort zum Gebet zusammenkommen, dem fremden Prediger zuhören? Und was nun, wenn die eine unter ihnen, eine Purpurhändlerin aus Thyatira in Lydien, der Lehre des Fremden zustimmt und ihn in ihrem Hause aufnimmt? Der Wanderlehrer gab es viele zu allen Zeiten, und Frauen auch, die sich um diese sammeln! Aber so ist unser Gott. Im unscheinbaren Gewand des alltäglichen Lebens schreitet er durch die Länder und Zeiten, von den Wenigsten erkannt.

Das war schon so in uralten Zeiten bei Israels Wüstenwanderung, das Kostbarste, das Heiligtum, mußten sie mit Widder- und Dachsfellen zudecken, daß gewiß keine der umherstreifenden Beduinenhorden den Glanz und die Herrlichkeit, die darunter verborgen waren, auch nur ahnen könnte. Bis zum heutigen Tag verbirgt sich Gott „hinter der Maske". Das kann ein elender, halb verhungerter Flüchtling sein, der dennoch still seinem Gott vertraut in all seiner Verlassenheit. Ein Kindlein kann es sein, das Vater und Mutter tröstet mit seiner kindlichen Liebe zu Jesus und ihnen dadurch zum Wegweiser in die ewige Welt Gottes wird. Oder der Kamerad drüben im Osten, der Tag für Tag sein schweres Los mit Tausenden teilt und dennoch den Glauben an die Barmherzigkeit Gottes bewahrt. Das sind alles Hüllen, unter denen sich Gottes Wirklichkeit verbirgt. Es kann aber auch – und das ist vielleicht das Allerverwunderlichste – noch etwas ganz anderes sein. Etwas so Alltägliches, daß selbst einer, der von göttlichen Dingen weiß, nichts merkt und daran vorübergeht. Da ist einer, der ißt und schafft, lebt und leidet genau so wie die andern und ist doch so ganz anders! Denn der ganz Andere ist ihm begegnet und dadurch ist alles völlig verändert. Alles Irdische, vom unentbehrlichen Stücklein Brot bis zur höchsten himmelstürmenden Idee, die unsere Seelenkräfte spannt und beglückt, ist wie alles, was im Diesseits sich erschöpft, sinnlos geworden ohne Christus. In diesem Namen Jesus vollzieht sich eine Umwertung aller Dinge.

Wenn Gottes Feuergeist in einen Menschen fährt, dann blitzen Funken auf und ein Brennen hebt an, das nicht mehr verlöscht in alle Ewigkeit. So war es bei der Lydia. Sie war nicht die einzige, die Paulus gehört hat, aber sie hat seine Botschaft gehört wie kein anderer. Wie sagt die Schrift? „Der tat der Herr das Herz auf, daß sie acht hatte auf das, was Paulus redete." Das ist das Wunder der Gnade, wenn ein Mensch von Gott selbst für Gottes Reden empfänglich gemacht wird. Und das ist der frohe Inhalt des Evangeliums: Jesus Christus ist erschienen, nun können wir hören und können glauben. Gott selbst bietet allen Menschen den Glauben an in Jesus Christus, dem Auferstandenen (Apg. 17, 31). Mit dieser überwältigenden Botschaft wandert Paulus von Land zu Land in unermüdlichem Eifer. Nicht eher ruht er, als bis das Evangelium auch in Rom einzieht. Und immer sind es einzelne Menschenherzen, die sich dem Evangelium öffnen, und deren Leben dadurch aus den Angeln gehoben wird. Von Lydia sagt der Bericht des Lukas, daß sie Gott fürchtete (Apg. 16, 14), ehe Paulus mit der Botschaft von Christus gekommen war. Wie Paulus an die Thessalonicher schreibt: „Und deshalb danken auch wir ununterbrochen, daß ihr, als ihr das an euer Ohr gebrachte Wort Gottes von uns übernahmt, es nicht als Wort der Menschen annahmt, sondern wie es in Wahrheit ist, als Gottes Wort, der in euch, den Glaubenden, wirksam ist" (1. Thess. 2, 13).

»Die Furcht des Herrn ist der Weisheit Anfang" (Ps. 111, 10), oder wie es in den Sprüchen Salomos 1, 7 heißt: „Anfang der Erkenntnis." In dieser heiligen Ehrfurcht steht Lydia vor Gott. Sie nimmt Gott ernst und darum ist ihr Zuhören ein Aufnehmen des Wortes, wie es Jesus im Gleichnis vom vierfachen Ackerfeld selbst bezeichnet: „die das Wort, das sie gehört haben, in einem feinen, guten Herzen festhalten" (Luk. 8, 15) und in Matthäus 13, 20: „der das Wort hört und versteht..." Wer sich fürchtet, Gott zu beleidigen – und ist es nicht eine schwere Beleidigung, wenn wir ihn einfach reden lassen und tun, als ob uns sein Reden gar nichts anginge? – dem tut Gott das Herz auf. Und Gott nimmt die Lydia auch ernst und neigt sich zu ihr in seiner großen Gnade und Barmherzigkeit. „So viele ihn aber aufnahmen, denen gab er Macht, Gottes Kinder zu werden, da sie ja an seinen Namen glauben" (Joh. 1, 12). Wir können von Natur Gottes Wort nicht verstehen oder gar zu ihm beten. Es ist jedesmal allein das Werk seiner Gnade, wenn wir sein Wort mit dem Herzen aufnehmen und beten können.

Aus der heidnischen Stadt in Kleinasien war Lydia gekommen. Der tägliche Umgang mit den Dingen dieser Welt war ihr Lebensinhalt gewesen. Nun war der lebendige Gott ihr begegnet in der kleinen jüdischen Gemeinde zu Philippi. Sabbath für Sabbath geht sie mit den frommen Frauen zum Bethaus. Dort wird sie mit den Worten des Gesetzes bekannt und lernt zu dem Gott der Juden beten.

Dann kommt der Tag, den sie nie vergessen wird. Der unscheinbare Wanderprediger aus dem Osten predigt. Das ist anders als sonst, alles horcht auf. Wie verschwindet alles, was sie bisher gehört hat, vor dem Namen Jesus, von dem Paulus mit brennendem Herzen redet.

Wie Schuppen fällt es ihr von den Augen: Nicht die täglich dargebrachten Opfer, auch nicht die guten Werke und Almosen machen gerecht vor Gott. Die Rettung der Seele ist einzig und allein in diesem Namen Jesus. Er ist es, der den Menschen vor Gott vertritt und das Gewissen reinigt. Das Wort des Gesetzes wird ihr zum lebendigen, lebenschaffenden Wort, die Decke, die auf dem Herzen aller liegt, die „Mose" lesen (2. Kor. 3, 17), ist von unsichtbarer Hand weggenommen, und die Botschaft des Evangeliums leuchtet ihr mit hellem Glanz ins Herz. Lydia erlebt unter der Verkündigung des Paulus, was dieser später in seinem 2. Brief an die Korinther (Kap. 4, 6) schreibt: „Derselbe Gott, der da sprach: ‚Aus Finsternis erstrahle das Licht', der hat es auch in unsern Herzen aufleuchten lassen, daß uns in der Gestalt des Christus die strahlende Herrlichkeit Gottes aufgegangen ist." In diesem Jesus war ihr der begegnet, auf den die Frommen in Israel in Jahrhunderten warteten, von dem Mose und die Propheten ausgesagt hatten, daß er kommen und sein Volk erlösen würde, Christus, der Messias.

In Lydias Herzen geht etwas Ungeahntes vor. Das ist es, wonach ihr sehnend Herz schon immer verlangt hatte, aber Gott war so fern, so streng, so heilig. So fürchtete sie ihn, aber lieben, wie Paulus sagt, das war nicht möglich. Nun, da sie die Botschaft von Jesus hört, geht ihr das Herz weit auf. Ganz neu kommen die Worte Gottes zu ihr, sie werden ihr zu Kraft und Leben. Mit aller Entschlossenheit begehrt sie die Taufe für sich und die Ihren. Es ist uns nicht gesagt, ob und wie viele Kinder sie hatte, es heißt nur „sie und ihr Haus", also Mann und Kinder und Dienstboten und alles, was zu einem solchen Kaufmannshaus gehört. Sie muß wohl die Seele dieses Hauses gewesen sein und einen starken Einfluß gehabt haben, daß ihr Wort für die andern mitbestimmend war. Diesen Einfluß wendet sie nun zum Guten an für die Ihren.

Welch eine Verantwortung für jede Mutter und Gattin und Hausfrau! Wie selten wird solche Verantwortung gesehen und für Gottes Reich benützt. Da sind die vielen äußeren Dinge, die heute die Mutter des Hauses beanspruchen bis zum letzten. Kaum daß die fünf Minuten Zeit zu einer Morgen- und Abendandacht täglich bleiben. Für die Leibsorge für Mann und Kind werden Zeit und Mittel gefunden, aber wo ist die Mutter, deren Wichtigstes die Seele der ihr Anvertrauten ist?

Und der Dienst in der Gemeinde?

Lydia stellt alles zurück hinter dem einen, dem Herrn dienen. Sie wagt es und bittet den Apostel und seine Begleiter, bei ihr einzukehren und ihr die hohe Ehre anzutun, daß sie die Boten des großen Königs beherbergen darf. Sie denkt nicht an die Mühe, die sie damit haben wird oder an die Unkosten, die daraus entstehen. Sie weiß nur das eine: Jesus ist ihr Herr geworden, und seine Boten sind für sie die Ehrengäste, denen sie alles zuliebe tun möchte. Sie bittet so dringend und überzeugend, daß Paulus auf seine sonstige Regel verzichtet, wonach er sich selbst den Unterhalt mit seiner Hände Arbeit verdient. Er nimmt die schwesterliche Fürsorge an. Damit wird Philippi die einzige Gemeinde, die für den Unterhalt des Apostels sorgen darf. Und die Kaufmannsfrau aus Lydien hat den Anfang dazu gemacht. Sie hat das Opfer an Zeit und irdischem Gut reichlich bezahlt bekommen, denn Gott läßt sich nichts schenken. Die persönliche Verbindung mit dem großen Apostel, wie wir sie aus dem Brief an die Philipper (vgl. Kap. 4) kennenlernen, und die starke geistliche Kost, die dadurch der Hausgemeinde zuteil wurde, waren ein königlicher Lohn, der nicht zurückblieb hinter dem, was Paulus in Philipper 4, 19 schreibt: „Mein Gott aber fülle aus all eure Notdurft nach seinem Reichtum in der Herrlichkeit in Christum Jesum."

Mehr ist uns nicht von Lydia, der Purpurhändlerin, gesagt (Apg. 16, 11 bis 15). Sie ist die erste Frau, ja der erste Mensch aus Europa, der das Wort Gottes hört und es annimmt. Sie hat die Bedeutung der Stunde erkannt, da das Wort zu ihr kommt: „Heute, so ihr seine Stimmte hört, so verstocket eure Herzen nicht." Sie hat sich, wie einst Paulus, nicht mit Fleisch und Blut besprochen. Wie er hat sie alles für Schaden geachtet, was ihr vordem wichtig und unentbehrlich war. So hat sie Christus gewonnen.

„Wer nicht aufsteht eben in der Stunde oder Augenblick, wenn ihn der Heilige Geist ruft, der wird ihn nimmermehr ergreifen; denn wo er einmal hinwegzieht, kommt er nicht wieder. Der Spruch eines heidnischen Poeten: ‚Wer heute nicht geschickt ist, wird morgen viel weniger geschickt sein‘ gilt allenthalben. So oft ich beten, lesen oder das heilige Sakrament empfangen wollte, je länger ich damit verzog, je mehr ich dazu unlustig war; denn Aufschub ist eine heimliche Seuche, tut aber grausam Schaden. Der Heilige Geist gibt seine Sache nicht denen, die also langsam und faul sind, sondern die hurtig, bereit und fertig sind" (Luther zu Ps. 119, 60).

O ihr Gottesstreiter, wißt ihr, was ihr sollt?
Ihr seid Wegbereiter, wo sein Wagen rollt,
daß er desto gräder könne vor sich gehn.
Hört nur seiner Räder sausendes Getön!

Nikolaus Ludwig Graf von Zinzendorf, 1700–1760

Priscilla –
die Gehilfin des Apostels Paulus

Ein unstetes Wanderleben hat Priscilla geführt an der Seite ihres Mannes Aquila, der in Pontus geboren, aus einer der bedeutenden jüdischen Diasporagemeinden Kleinasiens stammte. Ob sie unter den am Pfingsttag zu Jerusalem versammelten Juden aus Pontus zugegen waren, wird uns nicht berichtet. Lange lebten sie in Rom als jüdische Handwerker, bis sie unter dem römischen Kaiser Claudius von dort flüchten mußten. Aber Gott führt die Seinen auch durch Kriegsnot und Flüchtlingselend auf rechter Straße um seines Namens willen. So kam es, daß den beiden Eheleuten in Korinth, dem Ort ihrer Zuflucht, eine Begegnung zuteil wurde, die von weittragender Bedeutung für ihr eigenes Leben und das vieler anderer werden sollte.

Von der berühmten Weltstadt Athen kommend, macht der Apostel Paulus Halt in der Handelsstadt Korinth. Und wer sind die Glücklichen und Tapferen zugleich, die den von den einen Gefürchteten, von den andern Verehrten und Geliebten in ihr Haus aufnehmen dürfen? Aquila und Priscilla. Gleich dem des Paulus war ihr Handwerk das der Teppichweberei, und so konnte der landfahrende Reiseprediger am besten bei ihnen wohnen und arbeiten. Doch bald war aus der äußeren Zusammengehörigkeit eine innere geworden, die Gemeinschaft des Glaubens, und sie nahmen eifrig Anteil an der Verkündigung des Evangeliums. Ja, sie hatten die Sache des Reiches Gottes so sehr auf ihr Herz genommen, daß sie sich entschlossen, mit Paulus Korinth zu verlassen und nach Ephesus zu ziehen. Dort hatte Gott noch einen besonderen Auftrag für sie.

Da war Apollos, ein Jude, aus der Welthandelsstadt Alexandrien gekommen. Der war ein Feuergeist und konnte seine Zuhörer mit glühenden Worten überzeugen. Als aber Priscilla und ihr Mann hörten, merkten diese an des Paulus klarer, tiefer Lehre geschulten, erfahrenen Christen gar bald, was diesem jungen Eiferer noch fehlte. Und statt nun über ihn herzufallen und kein gutes Haar an ihm zu lassen, öffneten sie ihm ihr gastliches Haus und nahmen ihn bei sich auf. Ja, Priscilla hat die apostolische Grundregel gewußt und fleißig geübt: „Nehmet euch der Notdurft der Heiligen an! Herberget gern!" Sie hatte den Segen erkannt, der in der Befolgung dieses Gebotes der Liebe verborgen liegt. Aber sie hat nicht nur für die äußere Notdurft ihres neuen Gastes gesorgt. Jetzt war es ihr Vorteil, daß sie treu die Zeit genutzt hatte, da Paulus in ihrem Hause ein und aus ging. Sie hatte sich nicht in einen rastlosen Marthaeifer hinreißen lassen, sie wußte, daß auch sie als Frau sich unterweisen lassen durfte in der Lehre des Evangeliums.

Und so war sie nun imstande, zusammen mit ihrem Mann den Apollos innerlich weiterzuführen. „Sie legten ihm den Weg Gottes noch fleißiger aus", sagt der Bericht der Apostelgeschichte 18, 26. Nun konnten sie ihm sagen, daß es noch etwas anderes gibt als die Taufe des Johannes, daß Christus selbst mit Heiligem Geist die Feuertaufe vollzogen habe an Pfingsten, und daß alle, die an ihn glauben, mit dem Geiste Gottes erfüllt werden. Unermüdlich waren Priscilla und ihr Mann tätig für die Ausbreitung des Reiches Gottes. Obwohl sie selbst ihren Lebensunterhalt mit der eigenen Hände Arbeit verdienen mußten, waren sie immer für die Glieder der Gemeinde da, und ihr offenes Haus bot der Gemeinde in guten und bösen Tagen Raum für die Versammlungen und Schutz in den Zeiten der Verfolgungen. Und Gott lohnte den beiden ihre Treue. Wieder nach Rom zurückgekehrt, werden sie vor eine neue gewaltige Aufgabe gestellt, deren selbstlose Erfüllung der Christenheit das kostbare Leben des Apostels Paulus noch einmal für eine Zeit erhalten hat.

„Meine Gehilfen in Christo Jesu" nennt sie Paulus in seiner Grußliste Römer 16, 3. 4, „welche haben für mein Leben ihren Hals darangegeben, welchen nicht allein ich danke, sondern alle Gemeinden unter den Heiden." Dazu gehören auch wir und darum wollen wir den Dank nicht vergessen, was so leicht geschieht. Wie das im einzelnen zugegangen ist, wird uns nicht erzählt, aber es ist ein Beweis dafür, daß Gott auch die Treue im Kleinen lohnt und von Treue zu Treue führt, bis er uns tüchtig macht, auch das Leben für die Brüder zu lassen. Sie sind beide damals selbst nicht um ihr Leben gekommen; denn wir finden sie später in Kleinasien wieder, wo Paulus sie im 2. Brief an den Timotheus durch diesen grüßen läßt. Er nennt Priscilla zuerst vor ihrem Mann, das ist ungewöhnlich. So wird sie ein besonderes Verständnis für ihn und seine Botschaft gehabt haben. Wohl der Kirche, die solche Frauen hat.

Wohlan, ein jeder eile, dir Geist und Kraft zu weihn,
auf daß wir reine Pfeile in deinem Köcher sein.
Und wenn uns dein Erwählen zum Heroldsamt erkor,
so rüste Mund und Kehlen und öffne Herz und Ohr.

Karl Bernhard Garve, 1763–1841

Was eine Mutter vermag

Der Einfluß der Mutter wird in der Bibel sehr hoch gewertet. Da ist Rebekka, die Mutter des Jakob, die ihrem Sohn durch eine Lüge zu dem ihm von Gott verheißenen Segen verhelfen will und nicht bedenkt, wie sehr sie ihm damit das Leben erschwert. Manch steiler Weg und heißer Sommer wäre dem Jakob erspart geblieben, hätte seine Mutter ihm nicht zu diesem verhängnisvollen Schritt geraten (1. Mose 27, 31; 26, 27).

Entscheidend war für Samuel die Stellung seiner Mutter. Betend hatte sie ihn unter dem Herzen getragen, betend sein junges Leben begleitet, als er mitten unter den bösen Söhnen des Hohepriesters Eli im Tempel diente. Was hatte sie nicht alles in sein junges Herz ausgesät von köstlichem Samen des göttlichen Wortes. Es ist sicher nicht von ungefähr, daß Samuel unter seinem Volk weiterlebt als der nimmermüde Beter.

Und wenn David im 86. Psalm Vers 16 zu Gott fleht: „Hilf dem Sohn deiner Magd", so läßt das einen Blick tun in das verborgene Leben seiner gottergebenen Mutter, deren Namen wir nicht einmal wissen. Zugleich aber ahnen wir etwas von dem innigen Verhältnis, das Mutter und Sohn verbunden haben muß, gerade im Blick auf den Umgang mit Gott. Und welche Bedeutung hat Davids inneres Leben gehabt für die ganze Gemeinde des Alten und Neuen Bundes. Das wird vor allem in den Psalmen deutlich, ohne die wir uns die

Bibel und damit die Gemeinde Gottes nicht denken können.

In der Geschichte der Könige von Juda und von Israel ist es geradezu erschütternd, immer wieder zu lesen, wie es eine Mutter ist, die den königlichen Sohn von den Wegen Gottes abbringt. Bei dem immer wiederkehrenden Satz „und er wandelte in dem Wege seines Vaters und seiner Mutter" wird deutlich, wohin es führt, wenn eine Mutter ihren verborgenen, aber ungeheuren Einfluß zum Fluch und nicht zum Segen braucht.

Unheilvoll ist die Ehe Ahabs mit der sidonischen Königstochter Isebel (1. Kön. 16, 30–33), deren Einfluß durch Generationen hindurch spürbar bleibt. Grauenhaft klingt das Wort aus dem 1. Buch der Könige 21, 25: „Also war niemand, der sich so gar verkauft hätte, übel zu tun vor dem Herrn, wie Ahab, denn sein Weib Isebel überredete ihn also." Von Ahabs und Isebels gottlosem Sohn sagt der Chronist (1. Kön. 22, 53): „Er wandelte in den Wegen seines Vaters *und seiner Mutter*." Von einer Tochter Ahabs und Isebels aber heißt es direkt, daß sie ihren Sohn dazu anhielt, daß er gottlos war (2. Chron. 22. 3).

Wie anders dagegen die glaubensstarke Tat der Josabeath, der Königstochter, die bei dem furchtbaren Blutbad, das Athalja, die Tochter Ahabs und der Isebel, unter ihren Enkelkindern angerichtet hatte, den kleinen Joas, ihres Bruders Sohn, als einzigen Überlebenden in der Bettkammer verbarg vor den Häschern der widernatürlichen Großmutter und ihn dann sechs Jahre versteckt hielt im Tempel, wo ihr Mann Hohepriester war. Da wird das berühmte Wort unter Beweis gestellt, mit

dem die Geschichtsschreiber so oft die Zusammenhän-
ge in der Weltgeschichte beleuchten und aufdecken wollen: Cherchez la femme. Überall ist eine Frau beteiligt,
und heimlich und gewaltig ist der Einfluß, der von einer
Frau ausgehen kann, insonderheit von einer Mutter.

Da steht am Schluß der Bibel im Neuen Testament
ein liebliches Bild vor uns. Der junge Timotheus und
seine Mutter und Großmutter. Die Mutter Eunike war
eines griechischen Mannes Ehefrau, aber wie ihre Mutter
Lois eine fromme Israelitin, die in den Schriften des
Alten Testamentes wohl zu Hause war. Mit großer
Treue haben beide Frauen dem Knaben schon in früher
Jugend die Geschichte der Väter erzählt und ihn die
herrlichen Psalmen und Gebete gelehrt. So hat er die
heiligen Schriften nicht nur wie jeder jüdische Knabe
auswendig gelernt, sondern vor allem in sein Herz aufgenommen. Er wußte von Kind auf, daß das Wort
Gottes nicht für einzelne gelehrte Menschen gegeben
sei, die als berühmte Schriftgelehrte jeden Buchstaben
und seine Bedeutung erklären konnten, sondern daß
Gott sein Wort den Menschen dazu gegeben habe, daß
jeder, Mann oder Frau, Greis oder Kind, dadurch den
Weg zur Seligkeit finden möchte, und als einen Spiegel,
darin sich jeder, auch der junge Mensch, erkennen könne,
damit er sein Leben ändere, um so Gott wohlgefällig
zu leben. Wie nun ein Mensch Gottes Eigentum wird,
haben ihn die treuen Mütter gelehrt, als er noch ein
junger Knabe war. Und sie haben es ihm vorgelebt
mit einem reinen, unerschütterlichen Glauben. Daran
konnte nichts und niemand sie hindern, auch der heidnische Vater nicht. So war Timotheus von frühester
Jugend an umgeben von heilig ernst gelebtem Gottes-
leben, und er hat es nie vergessen, auch nicht, als er

selbst ein Bischof und Mitarbeiter des großen Paulus wurde.

Wo sind heute die Mütter, die ihren Kindern diesen Dienst tun? Und wo die Großmütter, die es noch wagen auch einem ungläubigen Vater gegenüber? Wir dürfen uns nicht wundern, wenn unsere Jungen den Gefahren der Zeit so erschreckend erliegen. Wir müssen uns selbst fragen: Ist uns Gottes Wort ein veraltetes Buch, das man vielleicht noch pietätvoll achtet, aber ihm nicht die Gewalt und Herrschaft einräumt in Haus und Herz, die ihm allein gebührt? Und wenn sie es bei uns nicht sehen, daß es uns das Liebste und Größte ist, wie sollen die Jungen dann selbst den Weg zur Bibel finden und sie kennen und lieben lernen? Und doch ist Volk ohne Bibel Volk ohne Gott. Darum auf und hinein in die Bibel, damit dein Kind auch den Weg dahinein finden kann.

Wohl den Kindern, die heute noch sagen können wie jener Sohn der Beate Paulus[29]:

Die Gebete unserer Mutter umringen uns wie Berge.

29   „Beate Paulus" oder „Was eine Mutter kann". Herausgegeben von Philipp Paulus. 238 Seiten. Verlag Chr. Belser AG, Stuttgart. Als Enkelin des originellen schwäbischen Pfarrers Flattich und Tochter des geistvollen M. Philipp Matthäus Hahn war Beate Paulus ein seltenes geistiges und geistliches Erbe anvertraut. Wie treu sie dieses verwaltet und mit übermenschlichen Anstrengungen gegen Hindernisse aller Art durchgesetzt hat, davon ist das schlichte Lebensbild ein ergreifendes Zeugnis. Wenn das Übermaß der Arbeit zu groß wurde — hatte sie doch neben dem Haushalt und der Gemeinde auch noch Landwirtschaft —, so mußten die Söhne ihre lateinischen und griechischen Deklinationen neben dem Waschfaß oder auf dem Acker aufsagen. Aber eins unterließ sie keinen Tag, und wenn es spät darüber wurde: die tägliche biblische Geschichte zu erzählen. Ein unbeirrbares Vertrauen ließ die Mutter Stunden, ja ganze Nächte vor Gott um ihre Kinder, um Volk und König ringen.

Gottes Wort über dem Leben der Frau

Das Wort der Schöpfung

Über dem von Gott erschaffenen Menschen, Mann und Frau, war des Schöpfers Wort gesprochen: „Machet euch die Erde untertan und herrschet...", so wie das erste Gotteswort an den Menschen: „Seid fruchtbar und mehret euch" für Mann und Frau, nicht für den Mann allein gesagt ist. Hält man dagegen nur einen Augenblick das dunkle Bild einer jahrtausendealten Geschichte voll Blut und Tränen, das notvolle Lied des Leids, das immer neu hervorbricht, wenn vom Leben der Frau geredet wird, dann will das Wort des Schöpfers vom Herrschen uns anmuten, als sollte es nur dem Manne gelten. Und doch geht es hier um das Wort des Schöpfergottes, der darin seinen majestätischen Willen über Mann und Frau gemeinsam kundtut. Es ist der Wille Gottes auch über der Frau, daß sie als Gehilfin des Mannes mit ihm herrschen soll über die Erde und das Meer und über alles, was darin ist.[1]

Nicht sklavisch unter und nicht eigenmächtig neben

---

1 „Die Eigenschaften, die Gott dem Menschen verleihen wollte, sind Mann und Frau gegeben, und beide müssen neben-, durch- und miteinander zu voller Fruchtbarkeit gelangen." C. M. van Asch van Wijck, Zweisam ist der Mensch, Chr. Kaiser Verlag, München 1952, S. 48.
„Prof. Slotmaker de Bruine schrieb im Blick auf die ersten Kapitel der Bibel: ‚Wir sehen hier Mann und Frau als einander gleichwertig dargestellt; jeder mit seiner eigenen Gabe und Aufgabe, der Eine den Anderen ergänzend, beide auf einer Linie stehend. Das ist also die Absicht Gottes. Was durch die Sünde zerstört ist, ist in Christus wieder hergestellt.' De vrouw en de kerk (Die Frau und die Kirche), Seite 17." van Asch van Wijck a. a. O. S. 59.

ihm, so wie auch der Mann nicht ohne die Frau herrschen soll. „Es ist nicht gut, daß der Mensch allein sei."[2] Den Garten, den Gottes Hand gepflanzt hat, um dem Menschen seinen Ort in der Schöpfung anzuweisen, wo er seine Gaben entfalten und bewähren könnte, sollte der Mensch – Mann und Frau – „bauen und bewahren", in königlicher Freiheit. Was Gott geschaffen hatte, darein hatte er als der Schöpfer die Kräfte des Wachsens und Reifens gelegt. Das war der weltweite Auftrag des Menschen. Dazu hatte ihm der Schöpfer die Kräfte verliehen, denn er trug Gottes Bild.[3] *Lasset uns Menschen machen, ein Bild, das uns gleich sei, die da herrschen . . .*"

„Zur Gemeinschaft seines Sohnes Jesus Christus berufen", schreibt Paulus an die Korinther (I. 1, 9). Damit ist die höchste Glückseligkeit ausgesagt, die einen Menschen erfüllen kann. Die Psalmen und die Propheten sind voll davon. Das Neue Testament verkündigt die Erfüllung: „Das Leben ist erschienen, und wir haben gesehen und bezeugen und verkündigen euch das Leben, das ewig ist, welches war bei dem Vater und ist

---

2   Die eigenartige Schilderung der Erschaffung Evas in 1. Mose 2 und der seltsame Wechsel von Einzahl und Mehrzahl in 1. Mose 1, 27 bleiben in der Bibel selbst ohne Erklärung. Das Geheimnis, das über der Erschaffung des Menschen liegt, wird nicht gelüftet. So haben auch die Menschen Gottes aller Zeiten Gott und sein verborgenes Wirken nicht zu erklären versucht. Anbetend stehen sie still vor dem Wunderwirken Gottes, des Schöpfers und Vollenders, dessen Werk zutiefst immer die Erlösung zugrunde liegt.

3   Christus das Ebenbild, das Urbild. Nach ihm und zu ihm ist alles geschaffen (Kol. 1, 16). Er ist der Sohn Gottes, der, als die Zeit erfüllt war (Gal. 4, 4), „in Gestalt des Fleisches der Sünde" von Gott zu den gefallenen Menschen gesandt war (Röm. 8, 3). Nach diesem Urbild geschaffen und erlöst, wird der Glaubende erneuert in dasselbe Bild (Kol. 3, 8) und vollendet, wenn wiederum die Zeit erfüllt sein wird, wenn er erscheinen wird (1. Joh. 3, 2).

erschienen – was wir gesehen und gehört haben, das verkündigen wir euch, auf daß auch ihr mit uns Gemeinschaft habt; und unsre Gemeinschaft ist mit dem Vater und mit seinem Sohn Jesus Christus" (1. Joh. 1, 1–3). Aus dem unmittelbaren Verkehr mit Gott herausgeschleudert (1. Mose 3, 8), bleibt dem Menschen vor dem Tore des Paradieses nur das heiße Verlangen nach der Gemeinschaft, zu der er erschaffen war. „Du schufest uns zu dir hin, und ruhelos ist unser Herz, bis es Ruhe findet in dir" (Augustin).

Wie ein Urklang aus der Heimat mutet es an, wenn 1. Mose 5, 21–24 von Henoch gesagt wird, daß er mit Gott wandelte und Gott ihn hinwegnahm.

In Jesus Christus ist der heilige ferne Gott zu den ausgestoßenen Kindern auf die Erde gekommen: „Geh hin, mein Kind, und nimm dich an der Kinder, die ich ausgetan." – „Weil wir nicht konnten zu dir kommen, kamst du zu uns von oben her."

Dem Glauben ist das wieder geschenkt, was die Sünde verdorben hat, bis einst in der Vollendung auch die Gemeinschaft wieder hergestellt sein wird, ja, noch viel herrlicher als zuvor, weil vollkommen ausgereift in ihrer Ganzheit nach Leib, Seele und Geist (Off. 21 u. 22).

„Leibliche Unzerstörlichkeit ist das Ende der Werke Gottes" (Oetinger).[4]

4 Wörtlich zitiert aus „Murrhardter Evangeliums-Predigten", siehe 4. Advent.

Das Wort des Gerichts

In seiner Kraft getroffen, stürzt der Mensch durch den Fall unter Gottes Gerichtswort von seiner paradiesischen Höhe. Mit einer Todeswunde zieht er hinaus in die Wildnis der unbebauten Erde. Was vorher höchster Adel war, die Arbeit, ist nun mit Mühsal und Unfruchtbarkeit belastet. Und neben ihm das Weib, das Gott ihm zur Gehilfin gegeben hatte, gebrochen, im innersten Wesen verwundet. Was freie, reine Tat gottgeschenkter Liebe gewesen war, die engste Gemeinschaft zwischen Mann und Frau, wird nun zu einem dunklen, lastenden Schicksal — „er soll dein Herr sein — dein Verlangen soll nach deinem Manne sein" (1. Mose 3, 16). Und wo der Liebeswille des Schöpfers seinen göttlichen Auftrag in das schöpferische Geheimnis der Zeugung und Geburt neuen Lebens hineingelegt hatte, da ist nun Weh und Schmerz und eine Unsumme von Leid und Erniedrigung verborgen. Das Heiligste wird am tiefsten getroffen. Das den Menschen anvertraute Geheimnis der Gemeinschaft und Liebe wird in Ketten der Sünde und des Lasters geschlagen. Es ist das Wort, das Gott sagen muß dort im Paradies: „Ich will dir viel Schmerzen schaffen ... mit Schmerzen sollst du Kinder gebären." Das gewaltige, königliche „Ich will" wird hier benützt zu einem furchtbaren Schlag, zu dem Todesschlag, der alle Kräfte Leibes und der Seele im innersten Nerv trifft. Was den ersten Menschen einst mitgegeben war als das ganz Große, daß sie sich mehren, daß sie beide gemeinsam sich die Erde untertan machen sollten, das, was hineingebaut war in den königlichen Auftrag, die

Erde für Gott zu bewahren und zu beherrschen, das ist zerstört in seiner Reinheit und mit Herzeleid beladen. Und mit Schmach –. Das zweite Wort an Eva spricht davon. Wir wissen, das hat sich noch weit furchtbarer ausgewirkt: „Dein Verlangen soll nach deinem Manne sein."

So ist Gottes Wort: mit *einem* Wort umfaßt es jahrtausendelanges Menschenleid und Menschenleben. Mit diesem *einen* Wort ist die ganze leibliche Not und seelische Qual der Frau ausgesagt. Da ist nichts hinzuzufügen. Wir können nur in tiefster Seele erschüttert die Geschichte reden lassen. Und doch wird nie ein Mensch all das tiefe Herzeleid ermessen und die verborgenen Tränen zählen.

Aber das Wort von 1. Mose 1, 24: „Darum wird ein Mann Vater und Mutter verlassen und an seinem Weibe hangen, und sie werden sein *ein* Fleisch", ragt als eines der wenigen Gottesworte aus der Zeit vor dem Fall herüber in unsere Zeit und leuchtet auf über dem undurchdringlichen Dunkel, das gerade dieses Gebiet unseres menschlichen Lebens umgibt. Und manche Frau, die daran zerbrochen wäre, weiß sich gehalten durch dieses Wort des Schöpfers, das ihr Wegweisung ist in dem Abgrund der Ehenot heute. Das Bild der Frau unter dem Gericht Gottes ist in den Grundzügen bei allen Rassen dasselbe und kann letzten Endes auch nur durch Christus von Grund auf erneuert werden. Und doch ist durch das Christentum eine höhere Wertung der Frau auch da vorhanden, wo es sich nicht um ein persönliches Verhältnis zu Christus handelt.

Ob in oder außer der Ehe, selbst in geordneten Verhältnissen liegt es wie ein Schatten des Unerfülltseins über der Frau, bis hin zur Schwermut. Die Ursache mag ihr oft nicht deutlich sein. Ja, unzählige Frauen wollen diese Tatsache um keinen Preis wahrhaben. Sie halten ihr Leben für erfüllt, für restlos angefüllt mit „befriedigenden" Aufgaben in Haus, Ehe und Beruf. Die Leere, die sie trotzdem in Stunden der Einsamkeit überfällt, halten sie für „reine Nervensache". Daß – ihnen selbst unbewußt – hier das Verlangen nach der letzten Sinndeutung ihres Lebens ausbricht, Gemeinschaft mit Gott zu haben, ahnen sie nicht. Sie bringen sich um den wahren Reichtum ihres Lebens und verkümmern an Gaben und Gütern. Sie verurteilen sich selbst zu dem Eintagsfliegendasein eines Menschen, dessen Leben für seine Umwelt der letzten und tiefsten Bedeutung entbehrt, selbst bei restloser Hingabe für Familie und Volk. Es muß der Dienst, um fruchtbar zu werden im Sinn der Bibel, dem Gericht entnommen sein, und das ist einzig und allein möglich in der Erlösung.

Das Wort der Erlösung

Durch eine Frau ist die Sünde in die Welt gekommen, auch zum Manne. Durch eine Frau hat Gott den Erlöser in die Welt hineingegeben. Die dem Gericht verfallene Menschheit begnadigt Gott in einer sündigen Frau mit dem größten Geheimnis, das ihr anvertraut werden konnte (Gal. 4, 4). Das sieghafte Wort des ersten Menschen, der nach dem Sündenfall, unter dem Fluch des Todes stehend, die Glaubenskraft besitzt, sein Weib Eva, d. h. „die Mutter der Lebendigen" (1. Mose 3, 20) zu nennen, wird hier Erfüllung. Was Tod und Verderben übergeben ist, der Leib des Menschen, wird durch das Engelswort zum Träger des Lebens geweiht: Luk. 1, 35: „Der Heilige Geist wird über dich kommen, und die Kraft des Höchsten wird dich überschatten; darum wird auch das Heilige, das von dir geboren wird, Gottes Sohn genannt werden."

Und eine Frau ist es, ein unseliges, von Dämonen geplagtes, von Herzen betrübtes Weib, von Menschen verachtet, herumgestoßen und für untauglich erklärt, die der größten Ehre und Würde teilhaftig wird, die nach Maria, der Mutter des Herrn, einem Menschenkind werden kann. Das erste Wort des Auferstandenen ist an diese Frau gerichtet (Joh. 20, 11-18), an Maria Magdalena, von der Jesus sieben Teufel ausgetrieben hatte (Luk. 8, 2).

Das Wort von der Frau in der Bibel ist immer ein Wort, das mit Sünde und Erlösung zu tun hat, mit

dem Größten und Tiefsten im Himmel und in der Hölle. Erst im Licht der Auferstehung von Jesus Christus
wird das Wort über die Frau richtig verstanden und
ihre Aufgabe in der Tiefe gesehen, in ihrer Weitschaft
und in ihrer Begrenzung.

Schon vor seiner Auferstehung begegnet Jesus einer
Frau als der Lebensfürst. Am Grab des Lazarus spricht
er zu Martha das gewaltige Wort vom Leben: „Ich
bin die Auferstehung und das Leben..." (Joh. 11,
25 ff.). Und Maria ruft er zu sich als der Lebendige
und Lebendigmachende: „Der Meister ist da und ruft
dich" (Joh. 11, 28).

Er ruft dich, du Frau, die du unter dem göttlichen Urteilsspruch stehst,[5] weil durch dich Sünde und Tod in
die Welt gekommen ist (1. Tim. 1, 14).

Nur *eine* Tat des Ungehorsams, und wieviel Herzeleid
ist daraus geflossen! Jenes unselige Hören auf die Stimme des Versuchers dort im Garten Gottes hat Millionen

5   „Die Frau ist die Verführerin gewesen und wird damit zum
Werkzeug des Satans, um die Sünde in die Welt zu bringen. Jetzt
aber gebraucht Gott die Frau, um dieser Welt den Überwinder
des Satans, den Erlöser der Menschen zu geben. Eva unterwarf
sich dem Satan, um den Mann zu verführen. Maria empfing die
Gnade, um dem Engel zu antworten: „Mir geschehe nach deinem
Wort", und um Gott als Werkzeug zu dienen. Das bedeutet aber
nicht, daß dadurch die Tat der Eva und der Maria auf e i n e r
Linie liegen; so als ob — wie Gertrud von Le Fort (Die ewige
Frau, Seite 25, 29) es entsprechend der römischen Auffassung ausdrückt — Maria die Mit-Erlösende sei, wie Eva die Mit-Sün-
digende war. Die Hingabe der Maria, um als Werkzeug Gottes
gebraucht zu werden, ist nur Gnade und trägt nichts bei zu dem
Werk, das der Sohn später allein vollbringen wird. Aber es ist
doch, als ob in Maria hier die Frau durch Gott rehabilitiert wird,
indem dieses Argument für ihre Hintansetzung entkräftet wird."
van Asch van Wijck a. a. O. S. 55.

und aber Millionen um das Hören der Stimme Gottes gebracht. Schuld und Schicksal, seltsam ineinander verwoben, liegen fortan über dem Leben der Frau. Wer vermißt sich, die Fäden zu entwirren und klar zu unterscheiden, was Gott selbst sich zur Scheidung vorbehalten hat? Seele und Geist vermag nur Gottes Wort zu scheiden (vgl. Hebr. 4, 12). Und in dem Lichte dieses Wortes ist jeder einzelne schuldverhaftet, und keiner kann die Last der Verantwortung abwälzen auf ein dunkles, unentrinnbares Schicksal.

Hier liegt das Geheimnis der Vergebung und der Weg zur Hilfe. Nur Sünde und Schuld kann vergeben werden. Wer sich unter ein Schicksal gestellt glaubt, ist den Launen des Zufalls unpersönlicher Gewalten ausgeliefert. Wo aber Schuld bekannt und Sünde als Teil des eigenen Wesens erkannt wird, da tut das schöpferische Wort der Vergebung sein heilendes, lebendigmachendes Werk. Das reicht bis in die letzten Tiefen auch der verzweifelten Not, der Not unseres liebeverlangenden Herzens.

Das ist Schuld und nicht Schicksal, wenn ich in meiner Ichbezogenheit an Gottes Willen vorbeilebe, Schuld, die vergeben werden muß, das sind Bindungen, von denen ich gelöst werden muß durch einen anderen, durch Christus selbst. Das aber ist Erlösung. Der Lebensfürst ruft dich mit Namen, so groß ist sein Vergeben. Er will, du sollst bei ihm sein, so groß ist seine Liebe. Er will mit dir reden, du sollst ihm antworten, ihn fragen und ihn hören.

Es ist bedeutsam, wie oft Jesus gerade einer Frau die größten und tiefsten Dinge sagt. Er reißt sie heraus

aus ihrer Welt und stellt sie hinein in seine Welt der direkten Nachfolge (Luk. 8, 2. 3). Er heilt sie und löst sie aus allen Gebundenheiten. Er zeigt ihr seine Herrlichkeit (Joh. 4, 26; 11, 25. 26. 40).

Und als die Jünger alle geflohen sind, da sind es ängstliche, schwache Frauen, die bis zuletzt vor dem Grabe ausharren und früh am Ostermorgen als die ersten sich wieder aufmachen. Und der Herr über Tod und Leben läßt sich diese Liebe gefallen. Er geht nicht darüber hinweg, als sei sie etwas Weichliches, seiner Unwürdiges. Wie er die sieben Brote und wenigen Fischlein nimmt und segnet (Mark. 8, 6. 7), so nimmt er auch die Liebestat einer verachteten Frau und heilt und reinigt sie. Von der Größe dieser Liebe wird man unter allen Völkern reden.

In Schwachheit wird Gottes Kraft zur Vollendung gebracht (2. Kor. 12, 9). Auch im Leben der durch Christus erlösten Frau wird dies Gesetz des Glaubens deutlich. In der Wolke von Zeugen fehlt sie nicht: „Weiber haben ihre Toten durch Auferstehung wiederbekommen" (Hebr. 11, 35), und der Chor der Glaubensstreiter nennt ihren Namen in allen Jahrhunderten. Sie ist gewürdigt, zu leiden für den Herrn und Zeugnis abzulegen von seiner Wundertat der Erlösung wie der Mann. So spricht der Herr zu Maria Magdalena: „Gehe hin zu meinen Brüdern und sage ihnen: Ich fahre auf zu meinem Vater und zu eurem Vater, zu meinem Gott und zu eurem Gott..." (Joh. 20, 17). Und das Wort des Auferstandenen trägt in sich Auferstehungskraft, heilend, tröstend, lebenschaffend. Hier ist neue Schöpfung. Damit stellt Christus die Frau unter Befehl wie die Jünger. Sie soll Zeuge sein und die Botschaft vom Leben verkündigen. Das ist wahrlich Erlösung.

Gewaltig ist der Inhalt dieser ersten Auferstehungsbotschaft. Eine unerhörte Botschaft, die durch die Armseligkeit ihrer Trägerin nur noch wuchtiger wirkt: Er ist der Sieger, keiner hat ihm widerstehen können, keine Macht wird ihm widerstehen können in alle Ewigkeit. Die neue Schöpfung bricht an mit jenem Ostermorgen. Aus seiner Armut und Selbstentäußerung wird er heraustreten und die Himmel einnehmen im gewaltigen Siegeszug, auffahren zum Vater als der ewige Sohn. Das ist die königliche Gabe des Auferstehungsfürsten. Und diese Gabe vertraut er einer schwachen Frau an, einer Frau, die das Gespött der Menschen war, die, von ihm geheilt und erlöst, nun begnadigt wird zu diesem höchsten Dienst: „Gehe hin und sage meinen Brüdern..." Damit hat der Herr die Frau in die Gemeinde hineingestellt und ihr einen Platz angewiesen, den keiner ihr streitig machen darf (Apg. 1, 14). Er führt sie hinein in das Heiligtum des *gemeinsamen* Dienstes mit dem Mann unter dem *gemeinsamen* Herrn.

Dem Glaubenden wandelt Gott das Gericht in Gnade.

Die *Arbeit* steht nicht mehr unter dem Fluch. Ob wir gleich deren Mühsal heute noch tragen, so wissen wir doch, daß der Sieg des Auferstehungsfürsten hier ein Neues geschaffen hat – auf Hoffnung. Nun gibt es eine „Mühe der Liebe" und eine Arbeit der Geduld und ebenso ein Schaffen mit den Händen des Ackermannes, „der wartet auf die köstliche Frucht der Erde". Das ist die Lage des wiedergeborenen Menschen.

Dem *Tod* ist die Macht genommen, uns zu halten. Ob wir gleich noch sterben müssen, ist doch der Tod der besiegte Feind und die Bitterkeit ist ihm genommen.

Was er raubt, das muß er weitergeben an den Herrn, bei dem wir „daheim sein werden allezeit". Für den Glaubenden ist der Tod nicht mehr der dunkle Abgrund hinter einem von Gott gelösten Leben, sondern die Pforte zum vollkommenen Leben. So wird auch hier in Christus aus der Furcht, die das Gericht begleitet, jenes getroste Vertrauen, das der Hand Gottes stille hält – auch im Tode – weil wir *ihm* sterben dürfen, um ihm zu leben.

So ist für den Glaubenden das Wort des Gerichts in Segen verwandelt, auch in dem *Verhältnis zwischen Mann und Frau.* Nun ist nicht mehr das unheimliche Verlangen nach dem Manne das Kennzeichen der Frau, jene unbezwingliche Sucht, die Millionen von Menschenleben – von Männern und Frauen – zerstört hat und heute noch zerstört.

Wohl kennt auch die gläubige Frau noch die Wirklichkeit jenes schweren Wortes: „Dein Verlangen soll nach deinem Manne sein." Aber sie nimmt es an als Gottes Wort, der schlägt und heilt, richtet und aufrichtet. Aufrichtet, weil sie das, was sie quälen will, als sei es ihre besondere Veranlagung, ihre persönliche Schuld, ihr Mangel an Heiligung, unter der Gerichtsordnung Gottes sieht, die jede, auch die glaubende Frau einschließt.

Und je weniger sie aufbegehrt in Scham und Trotz, in Verzweiflung oder Flucht zu Menschen, die doch nicht helfen können, je mehr sie lernt, auch solch ein Gerichtswort innerlichst zu bejahen, es anzunehmen, um so mehr wandelt es sich für sie in Segen. Alle Strafe Gottes ist durch Christus in Gnade und Barmherzigkeit gewandelt.

Hier ist etwas von der Gleichzeitigkeit vorhanden, von der Paulus im 7. Kapitel des Römerbriefes schreibt: ein Gesetz in meinem Gemüte und ein Gesetz in meinen Gliedern. „Ich elender Mensch, wer wird mich erlösen von dem Leibe dieses Todes", das sagt der erlöste, der glaubende Paulus – das ist nicht unerlöste Vergangenheit – sondern was er als Erlöster, Gerechtfertigter noch leben muß im Leibe dieses Todes – das ist doch gleichzeitig in Christus – nicht Fleisch – obwohl er mit dem Fleisch dem Gesetz der Sünde dient! Ist das nicht eine unerhörte Sache, wenn wir dieses Wort auf unsere Wirklichkeit, die wir als Frauen zu leben haben, übertragen?

Wenn wir an dieser Stelle in falscher Weise vergeistlichen, als gäbe es das: nur im Geist wandeln – außerhalb der Gerichtsordnung – dann verkleinern wir die Last unseres Menschseins, als sei der Erlöste ihr enthoben. Damit verengen wir die Weitschaft der Gnade, als reiche sie nicht hin, die Last dieses Lebens unter der Gerichtsordnung Gottes zu tragen.

Als Glieder der gefallenen Schöpfung sind wir, solange wir im Fleische leben, auch als Erlöste der Ordnung unterstellt, die Gott nach dem Einbruch der Sünde aufgerichtet hat. In der Erlösung werden wir nicht zum Beginn der Menschheit zurück-, sondern der Vollendung entgegengeführt, gleichsam unter der Hülle und Hege der Gerichtsordnung – Gnade im Gericht. Der Glaubende ist immer der auf die Vollendung Hoffende. „Wir warten auf unseres Leibes Erlösung. Wir sind wohl gerettet, doch in der Hoffnung" (Röm. 8, 23. 24).

Das gilt auch für das Verhältnis des Mannes zur Frau. Das Gerichtswort „er soll dein Herr sein" ist nicht mehr

dem Mißbrauch unterworfen, als wäre ihm Tyrannen-
recht zugesprochen. Jenes schicksalhafte Gebundensein,
das sich sehr verschieden auswirkt und in seiner feinsten
Form kaum als solches erkannt wird, weicht der Freiheit. Letzte Freiheit ist nur in der Erlösung gegeben.
Die durch Christus erlöste Frau steht in der inneren
Freiheit von Menschen – auch vom Manne. Das Schöpferwort vom Gehilfin-sein wird in der Erlösung zu seiner
tiefsten Bedeutung entfaltet als das hier schon begin-
nende Werk der Neuschöpfung.

In der Zugehörigkeit zu Christus ist keinerlei Unterschied. Durch die Erlösung sind sie alle, die Christus
angehören, „einer in Christus Jesus — da ist nicht Sklave noch Freier, nicht Mann noch Weib". Aber das Untertansein der Frau unter ihren Mann bleibt auch im Neuen
Testament. Es ist eine göttliche Ordnung für die gefallene Schöpfung, für diese Erdenzeit: „. . . wie es sich gebührt in dem Herrn" (Kol. 3, 18). Aber diesem Untertansein unter den Mann geht in Eph. 5, 21. 22 das
andere Wort voran: *Seid untereinander untertan in
der Furcht Gottes.*[6] Der ganze Zusammenhang von

6 „Menschlich-logisch gedacht steht Autorität der Untertänigkeit,
„Überordnung" der „Unterordnung" gegenüber. Aber hier steht:
Seid einander untertan in der Furcht Christi. Die Bibel verlangt
dieses Törichte, dieses Unlogische. Nach Gottes Absicht und Willen
hat innerhalb der zwischenmenschlichen Beziehungen kein Mensch
das Recht, Gewalt über den anderen zu beanspruchen. Diesen Gedanken finden wir nicht nur hier. Denken wir an Matthäus 23,
8—10, wo Jesus es verbietet, einander Rabbi, Vater oder Meister
zu nennen: „Der Größte unter euch soll euer Diener sein." Oder
Matthäus 20, 25—28, wo Jesus dasselbe noch stärker ausdrückt
mit einem Hinweis auf sich selbst als auf den, der gekommen ist,
nicht „daß er sich dienen lasse, sondern daß er diene". Oder an
Johannes 13, 12—17, wo Jesus sagt, die Fußwaschung sei geschehen, um seinen Jüngern einzuprägen, daß Dienen und nicht Sich-
Dienen-Lassen und Herrschen das von ihm gewollte Verhalten der
Menschen untereinander sei. — So könnten wir noch fortfahren

Epheser 5 zeigt deutlich den grundsätzlichen Unterschied zu dem Gerichtswort 1. Mose 3, 16.

Das engste Verhältnis zwischen Mann und Frau, die Ehe, wird im Licht des Neuen Testaments zu einem Abbild der letzten Verbundenheit des Christus mit seiner Gemeinde. „Das Geheimnis ist groß ... von Christus und der Gemeinde" (Eph. 5, 32). Von da aus geschieht das *neue* Untertansein der Frau unter ihren Mann. Unter *den* Mann, der auch Christus untertan ist, der das Schwache, ihm Anvertraute liebt mit *der* Liebe, mit der er selbst von Christus geliebt ist. Hier allein entsteht die Liebe, die nicht fordert und auf Rechte pocht. Die Liebe, die ihre Grenzen weiß und achtet.[7]

Und wo in der Ehe nur die Frau gläubig ist, da ist der ungläubige Mann geheiligt durch die gläubige Frau (1. Kor. 7, 13. 14). Da wird das Untertansein unter den Mann eine Glaubensprobe, denn die gläubige Frau gehorcht nicht einem dumpfen Schicksal, das sie unter die Herrschaft des Mannes zwingt, der mit ihr tun

und manches andere Wort nennen, das ganz ähnlich denselben Gedanken ausspricht: nur wer sein Leben verlieren wird, der wird es behalten. Wir müssen dabei auch an Philipper 2, 5—11 denken, wo deutlich zum Ausdruck kommt, daß auch Jesus nur durch den Dienst und durch Erniedrigung zur Herrlichkeit gelangte." van Asch van Wijck a. a. O. S. 73/74.

7 „Gegenseitige Unterordnung ist Auftrag und Ausgangspunkt für Mann und Frau. Das ist ein völlig neutestamentlicher Gedanke. Überordnung als Auftrag und Ausgangspunkt ist kein neutestamentlicher Begriff. Nur wenn Mann und Frau zusammen den Weg der Unterordnung gehen, wird sich auf dem gemeinsamen Weg das Verhältnis untereinander zu einer Unterordnung der Frau gegenüber dem Manne gestalten. Dies wird immer wieder seine Verwirklichung finden, wenn der Mann auf dem Wege des Dienens — auf die ihm eigene Weise des Sorgens, Liebhabens und Verantwortung-Tragens — zeigt, daß er wirklich Mann ist." van Asch van Wijck a. a. O. S. 79.

kann, wozu seine Willkür ihn treibt. Die gläubige Frau weiß sich dem Urteilsspruch enthoben und auch unter dem ungläubigen Mann befreit zu einem Dienst, den sie letzten Endes dem Herrn Christus selbst tut, wenn sie ihrem Mann dient im Gehorsam gegen das Wort des Herrn. Das ist wahrlich ein Befreitsein zum Dienst auch in der Ehe.[8]

Es gehört zur Gestalt dieser Weltzeit, daß gewisse Gesetze allen gelten, ob Christ oder Nichtchrist. Als Ordnungen Gottes sind diese Gesetze dem Fluch entnommen. Sie sind darum ohne Bitterkeit für den Glaubenden, der sich unter den absoluten Herrschaftsanspruch Gottes gestellt weiß. Das ist im Wesen des Glaubens begründet: Haben als hätte man nicht.

Groß ist das Geheimnis vom Haupt und seinen Gliedern, von Christus, der seines Leibes, der Gemeinde, Heiland ist.

In der Liturgie der Brüdergemeine, die am Ostermorgen ganz früh auf dem Gottesacker gesungen wird, steht ein feines Wort, das dieses neue Verhältnis der Gottesmenschen untereinander kennzeichnet:

„Wir grüßen uns ehrerbietiglich,
als Glieder seiner Braut,
die teils allhier noch sehnet sich
und teils schon dort ihn schaut."

8   Da ist „Tante Hanna" aus dem Wuppertal. Die äußeren Verhältnisse armselig und betrübt — der Mann ist Trinker, was birgt das allein in sich an Last und Not! Und doch, was für ein Leben der Freude und des Freudebringens, der Kraft und des fruchtbaren Dienstes für viele. — Wilhelm Busch, Tante Hanna, ein Wuppertaler Original. 184 Seiten. Buchhandlung der Evangelischen Gesellschaft, W.-Elberfeld.

Wo der Geist Gottes die Herrschaft hat, da ist etwas von dieser gegenseitigen Ehrerbietung zu spüren.

Es bleibt der Kampf und die Spannung auch für die Frau, die Christus angehört, wie auf jedem, so auch auf diesem notvollen Gebiet: dem Verhältnis der Frau zum Manne. Das erfordert gespannte Wachsamkeit und ein geübtes Ohr, auf Gottes Wort zu achten. Statt dessen läuft man von einem zum andern, und den Einzigen, der hier helfen kann, sucht man nicht, ob man gleich von ihm weiß. Es geht hier auf diesen Blättern um die christliche Frau. Um die Frau, die weiß, was die Bibel sagt, und die glaubt, daß Christus die Welt und auch sie selbst erlöst hat aus den unheimlichen Banden, die sie jederzeit zu umstricken drohen, solange sie auf dieser Erde ist.

Wir geben uns viel zu lange mit psychologischen Untersuchungen ab und geben uns solchen Experimenten preis. Durch suggestive und hypnotische Behandlung sind wir in größter Gefahr, in dämonische Abhängigkeit zu geraten. Gottes Hände gehen zarter um mit solcher Not und packen fester zu, mit starkem, heilendem Griff. Es ist höchste Zeit, daß wir uns auch hier auf die „gesunde Lehre" besinnen, auf das nüchterne, klare Wort Gottes, das allein die Seele gesund macht (Ps. 107, 20). Wie oft wird die Klage laut, daß uns heute Männer und Frauen fehlen, um mit der Geisteskraft eines Blumhardt oder einer Jungfer Trudel[9] den finsteren Mächten

9 1. Johann Christoph Blumhardt, 1805—1880, Erweckung in M ö t t l i n g e n und B a d B o l l. Johann Christoph Blumhardt. Ein Lebensbild von Friedrich Zündel. 330 Seiten. Brunnenverlag, Gießen.
2. Dorothea Trudel (1813—1862), Begründerin der in weiten Kreisen durch ihren Mitarbeiter und Nachfolger Samuel Zeller (1834—1912) bekanntgewordenen Anstalt M ä n n e d o r f.

Trotz zu bieten und die gefangenen Seelen loszusprechen. Warum ist das heute so selten? Aber das eine wissen wir: er hat uns sein Wort gegeben in Kraft und Vollmacht, und „Gottes Wort ist Gottes Macht" (Luther). Die heilende Kraft des Wortes muß wieder neu verkündigt werden.

Millionen von Frauen sind noch fest gebunden in Ketten, obgleich Christus sie doch befreit hat, und unzählige derer, die diese Erlösung angenommen haben, kranken weiter an irgendeiner Wunde in ihrem Frauenleben ohne die Kraft der Überwindung und Gesundung für Seele und Leib praktisch in Anspruch zu nehmen. Das sind erschütternde Tatsachen.

Zum Dienst befreit

Nun ist aber die Frau, freigesprochen durch die Erlösung, hineingestellt in den Dienst.

Im Reich Gottes gibt es keine Zuschauer. Über dem Leben der Erlösten steht das Wort vom Dienst: „bekehrt... zu dienen dem lebendigen Gott" (1. Thess. 1, 9). Das gilt auch von dem Leben der Frau. Ihr ganzes Leben ist Dienst von dem Augenblick an, da sie den freimachenden, heilenden Dienst des Meisters an sich selbst erfahren hat. Das lösende Wort ist gesprochen, aber es muß gehört, geglaubt werden. „Geh von dir selber aus." „Solange du in dir selbst bleibst, bist du nicht fromm", sagt Luther in einer Osterpredigt. Aber wer kann aus sich selbst herausgehen? Nur der, den Jesus heilt von allen Dämonen der Ichsucht, des gottlosen und frommen Ichlebens. Wie klein und eng ist die Welt eines Menschen, der, in sich selbst gefangen, mit unsichtbaren Fäden an sich und seine Eigenwelt gebunden ist.

In dieser Ichgebundenheit kann selbst der Reichtum eines tiefen Gemüts zur Gefahr werden. Man bleibt in sich und seinem reichen Gemüt hängen, und ist doch alles weiter nichts als Eigenschau und Eigenleben, mit dem man sich und andere im Bann hält. Gerade weil bei der Frau alles Erleben so stark durch ihr eigenes Seelenleben hindurchgeht, steht bei ihr oft das Selbst so stark im Vordergrund. Ihr hingebender „selbstvergessener" Dienst ist oft unbewußt ein Für-sich-gewinnenwollen, „ein Eigenleben selbacht", wie eine selten aufrichtige Mutter die natürliche Mutterliebe nannte! Der von sich weg auf das Lamm Gottes hinweisende starke Finger des Täufers auf dem Grünewaldbild stellt uns eindrücklich den selbstlosen Johannesdienst vor Augen (Joh. 1, 36. 37), der der Frau vielleicht noch schwerer fällt als dem Mann. Es ist schwer, hier eine ganz klare Scheidung vorzunehmen. Denn in dem Wurzelgebiet der menschlichen Wesenheiten stehen Mann und Frau gleicherweise schuldbeladen und unrein vom Scheitel bis zur Sohle vor dem unbestechlichen Auge des ewigen Richters.

Dahinein läßt Gott uns sagen, unbeirrbar fest und klar: „Daß ihr stets und unverhindert dem Herrn dienen könnt" (1. Kor. 7, 35). Damit ist über das Leben der Frau das helfende Wort gesprochen. Paulus setzt sich im 7. Kapitel des ersten Korintherbriefes mit all diesen schweren Fragen auseinander. Was er dort über die Ehe sagt, davon mögen Ehebüchlein handeln, das ist hier nicht der Ort. Dazu gehört auch das Wort über die verheiratete Frau, daß „sie sorgt, was der Welt angehört, wie sie dem Manne gefalle". In der Ehe mit einem gläubigen Manne *dienen beide miteinander dem Herrn,* und es ist der ledige Stand auch nach Paulus keineswegs ein verdienstvollerer und höherer. Über die natürlichen Lebensbeziehungen gibt uns Luther vor andern Rat und Hilfe, indem er sie uns ganz ernst als von Gott geordnet nehmen heißt: „Da siehe deinen Stand an nach den zehn Geboten ... Wer also Achtung auf sich und seinen Stand hätte, desselben allein zu warten, wie ein reicher Mensch an guten Werken sollte er in kurzer Zeit werden, so still und heimlich, daß niemand denn Gott allein es gewahr würde."[10]

Über dem allen aber steht das wegweisende Wort: „Das Wesen (die Gestalt) dieser Welt vergeht" (1. Kor. 7, 31). Es ist also nicht das entscheidend für deine Seligkeit und deinen Seelenfrieden, ob du verheiratet bist oder nicht. Bist du nicht erlöst, so wird dein Mann dich auch nicht erlösen. Und bist du es, so kann auch das einsamste Leben des Verzichtens auf Ehe und Familienglück den Frieden und die Freude an Gott dir nicht schmälern.

Wie aber sieht die Wirklichkeit unseres Lebens heute aus? Der zermürbende Alltag, in dem das fast uferlos gewordene Gebiet der „Neurosen", der „sexuellen Komplexe" sowohl bei der verheirateten als auch bei der unverheirateten Frau einen erschütternd breiten Raum eingenommen hat? Selbst wenn der eine oder andere diese Zeilen enttäuscht aus der Hand legt, weil ihm keine praktische Hilfe dadurch geworden sei, so muß ich dabei bleiben: Es gibt eine Erlösung auch hier, ja gerade hier, wo Satan am tiefsten das Wesen der Frau verwundet hat. Wie tief Paulus gerade dies erkannt hat, geht aus dem seelsorgerlichen Brief an die Korinther und besonders aus den praktischen Ausführungen in 1, 7 hervor. Alles, was er sagt, auch 1. Kor. 14, 14 ff., ist Schutz und Wiederherstellung der Achtung vor der gottgewollten Würde der Frau, ob im Stand der Ehelosigkeit oder dem der verheirateten und verwitweten Frau.

Christus hebt mein Leben heraus aus dem engen Raum meiner Ichbezogenheit und gibt ihm einen Inhalt, wie

10 Aus: Luther, Sermon von den guten Werken. Herausgegeben von Eduard Ellwein. 111 Seiten. Chr. Kaiser, München.

er reicher und tiefer nicht auszudenken ist. Und dies alles ist nicht ein frommes Wünschen und heißes Sehnen nach Glück, nein, es ist meines Gottes heiliges Wort über mir, und sein Wort ist immer ein Schöpferwort und hat lebendigmachende Kraft in sich. Wenn er spricht, so geschieht's, was er verheißt, das wird er auch tun. Vor uns steht der reiche, schenkende Gott und nicht der drohende Richter. Der uns den Heiland gab, will uns mit diesem *alles* schenken. Wann machen wir Ernst damit, dieses Wort zu glauben? Eine sterbende Welt, eine Jugend, die bald nichts mehr mit Gottes Wort anzufangen weiß, wartet auf unsern Dienst! Wo bleibst du, glaubende Frau? Was hindert dich?

Stets und unverhindert –
ohne Ablenkung

An dieser Stelle bekommt das Wort des Paulus seine besondere Bedeutung: „... daß ihr *stets* und *unverhindert dem Herrn dienen könnt*" (1. Kor. 7, 35). Stets und unverhindert – frei, ohne Fesseln und Bindungen. Was hindert mich? Ich bin berufen, stets und unverhindert zu dienen; alles, was mich hindert, hat er überwunden, will er aus meinem Leben wegnehmen. Es hat nichts und niemand ein Recht, mich an diesem Dienst zu hindern, keine Macht, auch ich selbst nicht und all das Unheimliche, das in mir lebt. Nichts hat die Macht, denn über meinem Leben steht das Wort des lebendigen Gottes. Er sagt nichts, was er nicht zugleich gibt. Sein Wort ist Gabe: ... *stets und unverhindert.*

Beständig und *ohne Ablenkung* — so heißt es wörtlich in 1. Kor. 7, 35. Es ist dasselbe Wort, das Lukas von Martha gebraucht, als der Herr in ihrem Hause einkehrt: „Martha machte sich viel zu schaffen, ihm zu dienen" (Luk. 10, 40). Wörtlich: Martha war abgelenkt durch vielen Dienst, eigentlich: umhergerissen. Damit ist das aufgeregte, hastige Wesen getroffen, dem es an der nötigen Sammlung fehlt, das der Stille entbehrt, die unsere Arbeit für den Herrn kennzeichnen sollte. Abgelenkt durch *vielen* Dienst von dem *einen,* ihm zu dienen, von einem Leben für den Herrn. Das ist die Tragik so manchen Frauenlebens, daß es der *einen* großen Linie entbehrt, die allein das Leben lebenswert macht.

Ohne Ablenkung, nur dann kommt man ans Ziel. Wie in der bekannten Sage der König demjenigen Hand und Land seiner Tochter verspricht, der diese im Wettlauf besiegen würde. Ein Freier um den anderen startet mit siegesfrohem Mut und verliert doch das Rennen zu guter Letzt. Endlich einer, der das Ziel erreicht. Er hat die List durchschaut. Im gegebenen Moment rollt dem Läufer eine goldene Kugel vor die Füße. Alle hatten, wenn auch nur für einen Augenblick, angehalten und sich danach gebückt. Sie wollten sich nichts entgehen lassen. Sie wollten im Vorbeieilen alles mitnehmen, und darum kamen sie um alles. Es sollte ja alles dann ihr Eigentum werden, wenn sie nur bis zum Ziel durchhielten. Das Ziel aber erreicht keiner, der sich unterwegs ablenken läßt.

Da ist einer, der große „Widerwirker" – wie man Satan am treffendsten übersetzen könnte. Der arbeitet nach groß angelegten, bis ins Kleinste ausgeklügelten Ablenkungsplänen. Diese Ablenkungstaktik müssen wir durchschauen lernen. Sie ist uns in der Bibel deutlich aufgezeigt. Darum haßt der Teufel dieses Buch wie nichts sonst in der Welt. Die Bibel deckt seine Karten auf und nennt ihn und seine Machenschaften mit Namen. Immer wieder erfindet er neue Tarnungen, der reinste Karnevalskönig! Wenn er nur in seiner Person, in seiner innersten Existenz unerkannt bleibt! So erkennt man heute vor lauter „Dämonie" den Teufel nicht mehr.

Der besiegte und entrechtete, aber noch nicht entmächtigte Fürst der Finsternis, Satan, legt alles darauf an, die Glaubenden, die seiner Macht Entnommenen, abzulenken von Christus weg auf jede nur erdenkliche Art und Weise, abzulenken von dem einen Ziel: schon hier auf dieser Erde ein Leben mit Gott zu führen in allen Lagen. Immer führt der Versucher die widrigen Verhältnisse ins Feld, und wenn er das Vertrauen zu Gott nicht ganz erschüttern kann, lenkt er auf einen Kompromißweg ab. Wenn es ihm gelingt, ein Gotteskind auf das tote Gleis der Schwermut oder einer krankhaften Beschäftigung mit sich selbst zu stoßen, hat er schon viel gewonnen, und für das Reich Gottes ist viel verloren. Martha hat den Herrn sogar in ihr Haus aufgenommen und sich doch von dem Eigentlichen ablenken lassen. In dem Ausdruck „ablenken" liegt viel mehr als in dem „sich viel zu schaffen machen", das Krumme, Ungeordnete eines solchen Lebens. Da ist etwas aus der Bahn geraten, einer anderen, unheimlichen, verborgenen Macht untergeordnet.

Wir wissen heute, was Fernlenkung ist, was für verheerende Folgen sich daraus ergeben im Ernstfall. Satan hat das schon immer gewußt und geübt als der große „Vater der Lüge" und Anführer aller, „die die Erde verderben" (Offb. 11, 18). Nur wer der Ebene der ihm verfallenen Welt im Glauben entnommen ist, kann sich seiner verbrecherischen Fernlenkung, Ablenkung entziehen. Jeder, der sich nicht bewußt unter die Herrschaft Jesu stellt, ist ihm rettungslos verfallen.

Wo immer und wer immer du bist, ob in oder außer der Ehe, ob im Hause der Eltern oder in der oft so geistlosen Tretmühle des Berufs in der Fabrik oder hinter der Schreibmaschine – über deinem Leben, du Frau, steht das Wort, das dich aus aller Stumpfheit herausreißt, aus der vielfach selbstverschuldeten Bedeutungslosigkeit und Verachtung deines Frauenlebens: „Daß ihr

stets und unverhindert dem Herrn dienen könnt." Nicht
sollt, nein, könnt! Nicht Gesetz, Befehl – nein, Gabe,
Erlaubnis, Verheißung. Wo du auch stehst – und er
weiß, wo du wohnst – ja auch da, wo die Hölle ist
(Offb. 2, 13). Das Leben einer Frau kann eine Hölle
sein. Deines Gottes Wort ist über dir, einem Schild und
einer Schutzwehr gleich, es leuchtet über deiner Nacht
auf wie ein funkelnder Stern. *Stets* und *unverhindert*
– wer sollte dich hindern können! Ist irgendwer größer und mächtiger als der Meister, der dich zu sich
gerufen hat, daß du bei ihm sein sollst (Mark. 3, 14)?
Kann irgendeine Macht *ihn* hindern, bei dir zu sein?
Dich hindern, ihm zu dienen (Röm. 8, 38. 39)?

Und du Frau, die du den Schutz des Mannes entbehrst,
allem ausgesetzt, wie Freiwild oft, du bist mit königli-
chem Adel beschenkt, du stehst im Dienst des allerhöchsten Herrn. Mit stolzer Demut und demütigem
Stolz zugleich. Dies Amt kann dir keiner nehmen, wenn
du im Glauben stehst und in der Nachfolge deines
Herrn. Was immer du tust und für wen du hier arbei-
test, es ist alles unter das eine Wort deines Gottes gestellt: stets und unverhindert dem Herrn dienen. Dies
Wort ist deine Freistatt, dahin du flüchten darfst, wenn
der Sinn deines Lebens dir verdunkelt ist und du nicht
weißt, für wen dein einsames Leben gelebt wird und
wer deiner Liebe bedarf. Das gibt die Selbstachtung,
ohne die wir Menschen nicht leben können noch sollen
und die auf der breiten Gasse des Lebens so oft verloren
geht. Das ist wahrlich ein Leben wert, das lohnt den
ganzen Einsatz.

Der unverheirateten Frau gilt das Wort: „Welche nicht
freit, die sorgt, was dem Herrn angehört, daß sie heilig

sei am Leib und auch am Geist" (1. Kor. 7, 34). Tut
sie das wirklich? Tun wir das? Ist das Leben der unverheirateten Frau soweit sie im Glauben steht, bestimmt
von diesem Wort, das hier wie eine selbstverständliche
Tatsache, einfach als Feststellung ausgesagt wird? Gerade diese Selbstverständlichkeit zwingt zum Nachdenken.

Die Frau muß eine Heimat haben! Heimat ist nur da,
wo innere Geborgenheit ist. Sie muß Heimat haben
in Gott, dann kann sie selbst anderen Heimat sein.
Wenn „Mutter Eva"[11] z. B. ihre „Heimaten" aufmachte, dann schenkte sie nicht nur den verwahrlosten, heimatlosen Kindern eine Heimat. Ihr mütterliches Herz
sorgte zugleich auch für die Schwestern, daß sie wirklich
„Mütterchen" sein konnten und frei schalten und walten
unter den Kindern im eigenen Haus. Die Frau muß
Heimat *sein*, dann hat sie Heimat.

Wir reden von der Frau, die Christus kennt, die weiß,
daß Heimat nur bei dem in Wahrheit ist, der für uns
heimatlos geworden ist. Und wenn die Frau, die Christus kennt, nicht Heimat hat, was soll mit den Frauen
werden, die ihm nie begegnet sind? Hier setzt die schwere Verantwortung ein, die auf uns liegt, die wir von
Christus erfaßt sind. Wir dürfen ihr nicht aus dem Wege
gehen, dürfen sie nicht abschütteln durch Hinweis auf
besonders schwere Veranlagung oder Lebensschicksale.
Das lastet auf andern auch, und sie tragen es oft viel

11 Gründerin und Oberin des Diakonissenhauses Miechowitz/
Schlesien. 1866—1930. Vgl.: Mutter Eva, herausgegeben von Wal-
ter Thieme. 333 Seiten. Ferner: Werk und Leben von Eva von
Tiele-Winckler. Aufzeichnungen selbsterlebter Führungen und Be-
gebenheiten. Beide Bücher in Neuauflage bei J. G. Oncken Nachf.,
Kassel-W.

tapferer und bescheidener als wir. Es geht um den Erweis der Allgenugsamkeit von Jesus Christus und um seinen Totalitätsanspruch. Ist er in unserem Leben der Erlöser, dann ist er es ganz, ist er der Herr, dann entzieht sich kein Gebiet meines inneren und äußeren Lebens seinem Herrschaftsanspruch. *„Der sei mein Herr, der mich verlorenen und verdammten Menschen erlöst hat ...“*

Wir machen nicht ernst mit der Erlösung aus unserer Frauennot. In wie vielen Frauenleben in und außer der Ehe sind diese Dinge ungelöst wie eine unverheilte Wunde, die unter der Oberfläche weitereitert, oder sie bleiben wie eine schlecht verheilte, harte Stelle zurück, deren Lebensfunktionen ausgeschaltet sind für den Gesamtorganismus. Hier ist Not, bittere Not. Um den Millionen unseres Volkes und den heidnischen Frauen draußen auf den Missionsfeldern helfen zu können, muß die Hilfe erst bei denen einsetzen, die zum Helfen gerufen sind. Glaubst du, Gemeindehelferin, du, Diakonisse, und wer du bist im Dienst Gottes, man spüre dir deine unverheilten Wunden und unausgetragenen Kämpfe nicht ab? Jugend hat scharfe Augen, und viele von denen auch, die unserer Obhut anvertraut sind. Nicht, daß sie unsere Fehler nicht sehen sollen, das ist demütigend, aber heilsam. Hier geht es um die Kraft des Kreuzes Christi. Der Kampf bleibt bei uns allen, in der Spannung stehen wir immer. Aber tief verborgen, vielleicht unter einem unausgeglichenen Charakter und viel Not verdeckt, ist der Friede Gottes, der über alle Sünde, über alle Veranlagung und Vererbung in uns gesiegt hat, in dem deine heimatlose Seele ihre Heimat gefunden hat – *„deine Altäre, Herr Zebaoth“* (Psalm 84, 4).

Wer an den Altären Gottes zu Hause ist, der ist geschützt und geborgen, aber der ist auch den Weg des Sterbens gegangen. In Israel gab es nur zwei Altäre, den Brandopfer- und den Rauchopferaltar. Der Opfernde mußte seine Hände auf das Opfertier legen und damit bekunden, daß er seine Sünde auf das Tier gelegt habe, das nun den Tod an seiner Statt erlitt (2. Mose 29, 10). Zum Rauchopfer mußte zu Pulver zerstoßenes Räucherwerk genommen werden, um das Zerbrochensein vor Gott anzuzeigen (2. Mose 30, 34-38). Indem der Gläubige des Neuen Testamentes seine Hand des Glaubens auf Christus als das große Opferlamm legt, ist er mit Christus gestorben. Und nur wer gestorben ist, weiß, was Leben ist (Kol. 3, 3).

Eine ungeheure Belastungsprobe bedeutet das tägliche Aufeinanderangewiesensein in der Familie für alle, ob verheiratet oder unverheiratet. Wer da nicht die zurechtweisende und zurechtbringende Barmherzigkeit Gottes kennt, findet sich hier nicht mehr zurecht, weder in sich selbst noch im anderen. Satan legt alles darauf an, uns aus der Festung der Geborgenheit bei Gott zu treiben, wo die Seele in aller Schwachheit bekennt: „Du verbirgst mich in dem Verborgenen deiner Gegenwart. Du erkennst meine Seele in der Not" (Psalm 31, 21 und 8). In Wirklichkeit erreicht also der Widerwirker gerade das Gegenteil: Die angefochtene Seele klammert sich desto stärker an ihren Felsen, je höher die Wasserwogen über ihr zusammenschlagen.

Was hindert uns zu dienen – stets und unverhindert – zu sorgen, was des Herrn ist? „Wer mir dienen will, der folge mir nach..." (Joh. 12, 26; Luk. 8, 1-3). Das ist das Geheimnis des Dienstes, auch der Frau. Hinter dem Meister hergehend ist allein Dienst möglich. Alles andere kann hingebende Arbeit sein, rastloser Eifer, alle Leerheit des Herzens übertönendes Werken – Dienst ist es nicht. Es sind der Hindernisse viele, die uns abhalten. „Christus hat viel Diener, aber wenig Nachfolger."[12] Also wenig solche Diener, die *dienen,* die sorgen, was des Herrn ist. Denn um zu dienen, muß man nachfolgen. Und um nachzufolgen, muß man, von ihm gehalten, das Auge unentwegt auf den Meister gerichtet, nichts anderes sehen, denken, wollen, als ihm gefallen und nicht den Menschen. Wo ist dieser Dienst unter uns? Weil wir die Botschaft des Auferstandenen – er lebt, der uns gelöst, geheilt und frei gemacht hat – nicht hören, weil wir die darin ausgesprochene Berufung zum Dienst nicht ergreifen, darum ist soviel Zerbruch und Quälendes unter uns Christen, so wenig demütiges Ergreifen der Auferstehungskraft. Daher auch die lähmende Leidensscheu und das Gefangenbleiben in sich selbst und das Gebundensein an die eigene Art, das Verkauftsein an das selbstische Begehren, das Geltungsbedürfnis. Und doch, es bleibt dabei: Wir sind gerufen, und über uns ist der Wille Gottes ausgesprochen, ihm zu dienen, stets und unverhindert.

Wie leer, wie flach und zerfahren ist oft unser Leben, in tausend Splitterchen zerfetzt, nur von dem einen bitteren Gedanken erfüllt: Ja, wenn es damals anders gekommen wäre, dann hätte ich jetzt einen Menschen, für den ich sorgen dürfte, dem ich meine ganze Liebe und Hingabe schenken könnte. Für die Frau aber, die Christus angehört, kann es niemals darum gehen, sich einen Ersatz zu suchen für das versagte Glück der eige-

---

12 Johann Arnd, 1555–1621.

nen Familie an der Seite des geliebten Mannes. Ersatz
weder auf Wegen der Sünde noch – wie man so gern
sagt – in harmlosen Freuden. Aber sie kann auch nicht
Reichgottesarbeit als Ersatz benützen. Auch das Leben
der unverheirateten Frau hat seine Eigenbestimmung
von Gott her, ist berufen zu dem ihr eigenen Stand
und zu dem nur von ihr geforderten Dienst. „Sie sorgt,
was dem Herrn angehört." Das ist der höchste Adel,
den uns Gott verleihen kann, der vornehmste Stand:
für ihn da zu sein. Nicht das ist entscheidend, wo mein
Dienst sich abspielt, ob in der Küche oder am Schreib-
tisch oder auf Wegen der Nächstenliebe.[13]

Darum geht es, daß über mein Leben das Wort meines
Gottes steht, daß vor mir aufleuchtet das hohe Ziel
meiner himmlischen Berufung, die hier in meiner kon-
kreten Lage umgestaltend sich auswirkt. Da ist alles
mit hineinbezogen und nichts ausgenommen: keine Mi-
nute meiner Zeit, kein Pfennig, keine Gewohnheit und
nicht der Umgang mit irgendeinem Menschen. Wenn
wir unser Leben einmal mutig in das Licht des Neuen
Testamentes zu stellen wagten, wie würden da festge-
fahrene, althergebrachte Gewohnheiten und Anschau-
ungen unserer christlichen Kreise in ihren Fundamenten
erschüttert werden! Aber da ist eine Verständnislosig-
keit, die zeigt, wie hier im Leben der Frau etwas im
Ansatz erstickt und nie zur Entfaltung gekommen ist.

13 „Diese Frauen werden dadurch auch frei von der bedrängen-
den Sorge, sie müßten ihr Leben mit etwas füllen, was doch nur
„Ersatz" bleiben kann. Sein Leben in den Dienst Gottes zu stellen
ist niemals „Ersatz", und das ist ebensosehr die Berufung der verheirateten wie auch der unverheirateten, der kinderlosen wie auch
der kinderreichen Frau. Nach der Meinung des Paulus fällt es der
Unverheirateten sogar leichter, dieser Berufung zu folgen; und
die Praxis bestätigt das." van Asch van Wijck a. a. O. S. 68.

Selten finden wir ein Frauenleben, das sich voll entfaltet in den Grenzen und der Weitschaft des Wortes Gottes. Und doch, Arbeit in Fülle, wie viel Gelegenheit zu dienen, zu geben, zu helfen, zu raten, zu trösten. Arbeit, die Mütter und Schwestern braucht, Menschen, die lieben und tragen können, die nicht sich selbst leben, die wissen, daß ihre Zeit und Kraft, ihre äußeren und inneren Gaben nicht ihnen selbst gehören, die alles Verfügungsrecht über sich dem Meister abgegeben haben. Wo sind diese Menschen?

Ein solches Leben des Dienstes ist nur möglich vom Wort aus und mit dem Wort. Arbeit ohne Wort Gottes ist nicht Dienst Gottes. Nur wenn mein Tagewerk unter dieser königlichen Berufung steht, ist es möglich, auch nur *eine* Stunde „unverhindert" unter Menschen zu stehen. Wir haben tausend Hemmungen einer gegen den anderen, oder wir stehen in jener Hemmungslosigkeit zueinander, die noch schlimmer ist. Aber dieses „unverhindert" – das ist freimachende Gnade Gottes. Wer das hat, der ist geborgen im Wort seines Gottes. Nur von da aus kann auch die Frau ihr Leben als Dienst leben. Dies Leben, das umbrandet ist von Stürmen und Kämpfen, die nur sie kennt, um die nur eine Frau weiß. Sie muß geborgen sein in der Hand des Starken, in der Heimat des Wortes Gottes.

So wird für die glaubende Frau auch das Gefäß ihrer Schwachheit und Niedrigkeit ein von Gott dazu bestimmtes Mittel, die überschwengliche Kraft Gottes zu bergen. Die Bibel ist immer wieder der Spiegel, der uns zeigt, wer und wie wir sind, und wo wir stehen. Wir sollen aber vor solchem Spiegel nicht erschrecken und betroffen weglaufen oder gar zu vergessen suchen, was uns gezeigt worden ist. Wir sollen vielmehr davor stehen bleiben, solange bis wir hindurchschauen in das vollkommene Gesetz der Freiheit (Jak. 1, 25). Paulus drückt das in Röm. 8, 1 so aus, daß die Herrschaft des lebendigmachenden Geistes Gottes mich befreit von der Herrschaft der Sünde.

In dieser Freiheit verkündigt das Leben der erlösten Frau den lebendigen Herrn und seinen Herrschaftsanspruch.

Gott, der Eigentümer

Mitten hinein in das pulsierende Leben des Alltags stellt Paulus die ihm vom Geist eingegebenen Antworten auf die Fragen der Korinther, leuchtenden Orientierungstafeln gleich, die auch im Dunkel einer gottlosen Weltstadt den Weg zu weisen vermögen. Aber in dieser Weisung liegt nicht nur Belehrung. Sie ist Kraftzentrale zugleich. Mit der Nennung des Namens Jesus Christus hat sie Gott selbst auf die Straßen des Lebens gestellt.

Es ist das Problem der Ehe, der Frau, das Paulus aufliegt. Daß er im gleichen Kapitel (1, 7) die Frage der Sklaven und Freien behandelt, zeigt uns, wie wenig er vom grünen Tisch redet. Er steht mitten im Leben und weiß um alle Nöte und macht sich keinerlei Illusionen über das, was seine Brüder und Schwestern durchzustehen haben an Versuchungen, Anfechtungen und Gefahren für Leib und Seele. Und dieser begnadete Seelsorger sagt: „Ein jeglicher bleibe in dem Beruf, darin er berufen ist. Bist du als Sklave berufen, sorge dich nicht; doch kannst du frei werden, so brauche es lieber." – „Paulus hatte nicht im Sinn, dem Sklaven das Freiwerden zu verbieten, aber ebensowenig, ihm seinen Sklavenstand innerlich unmöglich zu machen. Es handelt sich um die innere Freiheit. In der Lage, in der ihn Gottes Berufung trifft, soll er verharren. Sie reißt ihn nicht aus dieser heraus, sondern gilt ihm in der Verfassung, in der sie ihm gegeben war. Gottes Ruf macht nur der Sünde ein Ende, nicht den natürlichen Verhältnissen" (Schlatter).

So gilt auch für das Leben der Frau das Wort von der inneren Freiheit inmitten der natürlichen Bindungen ihres Lebens: „Im Frieden hat uns Gott berufen" (1. Kor. 7, 15). Es sind nicht billige Trostsprüche, mit denen der Apostel den Sklaven und vor allem auch die Sklavin abspeist und ihrem Schicksal überläßt. Es ist die gewaltige paulinische Verkündigung aus Römer 14, 8: „Wir sind des Herrn." „Darum sind wir Herren", fügt Luther hinzu. Herr über dich, der du Eigentum des höchsten Herrn bist, ist er, der allein den Anspruch erheben kann, Herr – Gewaltiger, Eigner, nach dem Griechischen „Despot"[14] – zu sein; über dich kann infolgedessen auch keine andere Macht im Himmel und auf der Erde und unter der Erde in Wirklichkeit Gewalt haben. So tröstet Paulus die Sklavenbrüder und -schwestern in der Gemeinde damals und heute. Mit diesem Zuspruch gehen sie zurück in die alten, unveränderten Verhältnisse, wo sie geschlagen, mißbraucht und in jeder Beziehung menschenunwürdig behandelt werden. „Es kümmere dich nicht! – Nimm dir's nicht zu Herzen!" Es ist ja einer da, der es zu Herzen nimmt. „Sorge dich nicht!" (V. 2 bei Luther.) Es ist ein anderer, der um dich besorgt ist. Du brauchst es nicht zu tun, er tut es für dich – Gott selbst. Die Tatsache, daß wir Jesu Eigentum sind, wirkt sich am herrlichsten und wunderbarsten in den schwierigsten Verhältnissen aus. Darum: „Ein jeglicher bleibe in dem Beruf, darin er berufen ist" (V. 20). – „... denn die Berufung zu Gott verändert nicht die äußeren Verhältnisse, sondern besitzt für jeden Stand und an jedem Ort in sich selbst ihre unvergleichliche Herrlichkeit" (Schlatter).

14 Despot kommt von Despotes, wird einige Male in der Bibel gebraucht und wörtlich mit „Eigner" (Eigentümer) übersetzt.

Dazu gehört, daß von den unsichtbaren Gewalten kein Rechtsanspruch erhoben werden kann: „Der Preis ist bezahlt." Bei Luther: „Ihr seid teuer erkauft." Es ist alles in Ordnung. Ihr seid das rechtmäßige Eigentum Jesu. Das Entscheidende ist das unantastbare Eigentumsverhältnis.

Das Wesen dieser Welt vergeht

Die Tatsache, daß es einen Stand der unverheirateten Frau gibt neben dem der Verheirateten und der Witwe, ist eine Wirklichkeit, mit der Paulus als Leiter der Gemeinde und als Seelsorger rechnet. Es ist bedeutsam, daß Paulus in diesem Zusammenhang das Wort sagt: „Die Zeit ist kurz, und das Wesen (griechisch: Gestalt, Schema) dieser Welt ist vorübergehend."

Das Problem, verheiratet oder unverheiratet, ist eine Frage dieser Welt der Vergänglichkeit, die nur von der anderen, der Gotteswelt der Erlösung und Vollendung her gelöst werden kann. Die an den Mann Gebundene ist frei durch ihre Bindung an Christus, und die Ledige ist nicht „ein halber Mensch", denn sie ist an Christus gebunden.[15] Müssen auch die Verheirateten zunächst füreinander sorgen, sind also »geteilt" in bezug

15   „Nicht nur in der damaligen Zeit, sondern auch noch in unseren Tagen wird die unverheiratete Frau kaum für voll angesehen — als ob die Frau nur in der Ehe ihre Bestimmung erfüllen könne. Die Aussprüche des Apostels in 1. Korinther 7 betonen zunächst, daß das erste und wichtigste für den Mann und für die Frau die Erfüllung des Willens Gottes und ein Leben zu seiner Ehre ist; alle irdischen Beziehungen liegen auf einer zweiten Ebene und sind von untergeordneter Bedeutung. Als Zweites wird in den Aussagen von 1. Korinther 7 angedeutet, daß der eine seine Bestimmung erfüllt, wenn er (oder sie) durch Gott geführt und im Gehorsam zu ihm in die Ehe tritt und eine Familie aufbaut, — der andere, indem er die Ehelosigkeit gehorsam auf sich nimmt. Für Gott besteht hier kein „Mehr" oder „Weniger", und deshalb darf es das auch nicht im Urteil der Menschen geben.
Hierdurch wird der Frau eine ungeheure Last abgenommen, deren ganze Schwere wir bereits in den Geschichten von Sarah, Hanna und Elisabeth gespürt haben. Wir erkennen sie auch im Leben von unzähligen verstoßenen Frauen und in den Ländern des Orients. Aber diese Auffassung herrscht — wenn auch in etwas milderer

auf das unmittelbare Sorgen für das, was dem Herrn angehört, so kann es doch niemals dahin ausgelegt werden, als ob es gottwohlgefälliger sei, unverheiratet zu bleiben.

Paulus sieht die Lage der gefallenen Menschheit vom Kreuz her und im Blick auf das Ziel. Zeiten großer Trübsal werden kommen, unvorstellbare Leiden und namenloses Leid werden in steigendem Maß über die Völker kommen. Da sieht er große Aufgaben für die unverheiratete Frau, auch für die Witwe. Wie zart und verstehend er andererseits die seelischen Nöte bei der Frau sieht und beurteilt, zeigt sein seelsorgerlicher Rat (1. Kor. 7, 9. 26. 28. 35). Aber es ist wichtig, zu beachten, daß es nach Paulus einen *Stand der Ehelosigkeit* gibt, so wie er ja auch das Amt der Witwe angeordnet hat. Damit hat er der ganzen weiblichen Diakonie die Wege gewiesen.[16]

Form — auch noch in unseren Ländern. Sie lebt in der teils mitleidigen, teils spöttischen und geringschätzenden Haltung, die in manchen Kreisen, und leider muß man sagen: oft gerade in orthodox-christlichen Kreisen, gegenüber der unverheirateten Frau angenommen wird. Dadurch wird das Leben derer, die ohnehin schon soviel menschliches Glück entbehren müssen, unnötig schwerer gemacht. Paulus spricht es aus, daß die göttliche Lebensbestimmung für den einen in der Ehe, für den anderen in der Ehelosigkeit liegen kann. Denn in dieser Erdenzeit, wo alles unter dem Fluch der Halbheit steht, kann weder in der Ehe noch in der Ehelosigkeit die völlige Harmonie und die völlige Entwicklung des Personseins erreicht werden. Und damit hat Paulus manche unverheiratete oder kinderlose Frau von einem drückenden Minderwertigkeitskomplex befreit." van Asch van Wijck a. a. O. S. 67/68.

16 „Die irdische Aufgabe, Mutter zu sein, ist sicher gut und freudvoll. Aber auch im Frauenleben ist nicht sie das letzte, sondern das Verhältnis zu Gott und dem Nächsten. Die Frau ist ebensowenig wie der Mann eine Sache, ein Werkzeug, das zu einem bestimmten Dienst gebraucht wird und das die Existenzberechtigung verliert, wenn es diesen Dienst nicht erfüllt. Auch die Frau ist in erster Linie „Mensch". Sie ist eine Person und trägt selbst Verantwortlichkeit gegenüber Gott." van Asch van Wijck a. a. O. S. 58.

Der Schlüssel zum Leben

Gleichsam als Zusammenfassung des ganzen Problems sagt Paulus: „daß nur alles im Herrn geschehe" (1. Kor. 7, 39)! Dieses Grundwort des Paulus: Im Herrn – in Christus ist der Schlüssel zu unserem Frauenleben, zu *allem*. Auch die Schande der Ehelosigkeit ist durch die Erlösung völlig aufgehoben; im *Herrn* gewinnt der Mensch, Mann oder Frau, seine eigentliche Würde wieder. „Denn das ist ein hoher Stand, in dem Herrn zu sein" (Philipp Matthäus Hahn).[17]

17 „Es ist unmöglich, in Jesus einseitig den „Mann" zu sehen. Es ist, als ob wir in ihm den Menschen in der Fülle und in dem Reichtum der Eigenschaften erkennen, die Gott in die Zwei-Einheit Mensch gelegt hat. Auch beim Menschen kann man schwer festlegen, was männliche und weibliche Eigenschaften sind, weil sie sich in so vielen Abwandlungen bei Männern und Frauen finden. Aber in großen Linien kann man doch wohl die Unterschiede angeben. Wenn Jesus mit Majestät Wind und Wellen gebietet, wenn er den Pharisäern zu widerstehen wagt und mit heiliger Ruhe der Horde, die ihn gefangennehmen soll, entgegentritt, — dann sehen wir in ihm wahrlich den S o h n des Menschen, dann denken wir an den Mann, an die kräftige, mutige Persönlichkeit, die vorangeht und die Führung übernimmt. Aber neben diesem Bild stehen die anderen Dinge, auf die wir auch achten müssen: seine unendliche Barmherzigkeit, die Art, wie er gerade bei der Ankündigung des Urteils über Jerusalem der Schmerzen der schwangeren und säugenden Frauen gedenkt, sein großes Mitleid mit Jerusalem, dessen Einwohner er zu sich ruft wie eine Henne, die ihre Küchlein versammelt, und über all dem sein geduldig getragenes Leiden, „wie ein Lamm, das zur Schlachtbank geführt wird". Wir hören seine Worte: „Lernet von mir, denn ich bin sanftmütig und von Herzen demütig" und „Ich aber bin unter euch wie ein Diener". Das sind Züge, die eher das Bild einer Frau charakterisieren würden. In Jesus ist das alles zu einer wunderbaren Einheit verschmolzen; und beide, Männer und Frauen, sehen in ihm den Menschen, der als leuchtendes Beispiel vor ihnen steht und sie auffordert, sich mit allen von Gott empfangenen Gaben und Talenten in den Dienst seines Königreiches zu stellen. Und das ist für die Frau keineswegs schwieriger als für den Mann." van Asch van Wijck a. a. O. S. 52.

Wir können die schwierigsten Fragen unseres Lebens mit logischer Schärfe und Gründlichkeit wälzen, wir können einander mit praktischen Ratschlägen zu helfen suchen und mit psychologischem Einfühlungsvermögen spürbar wohltun – Hilfe ist das alles nicht. Wirklich grundlegende und praktische Hilfe kommt nur, wenn wir das Geheimnis eines Lebens *in Christus* kennen. Dieses Leben mit seiner unbeschreiblichen Geborgenheit, in seiner alle Sehnsüchte unseres Lebens übertreffenden Totalität erkennen und erfahren, das zu bezeugen wollen wir nie müde werden, solange wir noch hier in dieser Welt zu leben haben. Und *alle* sind wir gerufen. Zu diesem Leben innerster Sinnerfüllung kann heute noch jeder von uns gelangen. Dann bekommen Widrigkeiten und Einengungen, ja die unmöglichsten Verhältnisse ein ganz neues Vorzeichen: sie müssen uns dienen. Vor der Herrlichkeit liegt Leid, sagt Calvin. Nur so werden wir zubereitet auf das Kommen unseres Herrn.

Bis daß er kommt

Auch der Dienst der Frau geschieht in der Kraft der Hoffnung auf den wiederkommenden Herrn. In allen Zeiten hat es Wartende gegeben, denen das Reich ihres Gottes über alles persönliche Erleben ging. Auch heute müssen Frauen da sein, die Gottes Sache über die eigene, Gottes Herrlichkeit über die Ehre ihres Hauses und die des eigenen Lebens stellen. Die nicht in dem engen Raum der Angst um das Fortkommen der Ihren stecken bleiben. Frauen, die ihre Männer lieben mit der starken Liebe, die nicht zurückbebt vor dem Opfer, auch wenn es ums Leben geht und alles auf dem Spiel steht um des Zeugnisses willen.

Derselbe Apostel, der der Frau das Lehren in der öffentlichen Gemeindeversammlung verbietet, ordnet an, daß die Älteren die Jüngeren lehren sollen (Tit. 2, 4). Dieses Lehren kommt aus dem Bewahren des Wortes. Es wird kraftlos, wenn es nicht verbunden ist mit der lebendigen Erwartung des kommenden Herrn.

Das Warten auf die Wiederkunft des Herrn kann in Schwärmerei und Unnüchternheit führen, wenn es gelöst ist von der scheidenden Kraft des Wortes, von der gesunden Lehre – der nüchternen, klaren Verkündigung des ganzen Heilsrates. Hier droht der Frau besonders Gefahr. Ist sie doch leichter beeinflußbar als der Mann. Das hat schon die Schlange gewußt, als sie Eva und nicht Adam im Garten anredete. Die einen verlieren sich in schwärmerischer Erwartung der Wiederkunft des Herrn. Andere – dadurch abgestoßen –

beschäftigen sich gar nicht mehr mit den zukünftigen Dingen und werden abgehalten, auf den wiederkommenden Herrn zu warten. Darum mahnt der Apostel in dem uralten Diakonissenspiegel (1. Tim. 3, 11) ausdrücklich die Frau zur Nüchternheit. Nur ein Leben, unter der bewahrenden Zucht des Wortes Gottes gelebt, reift still und stark zur Vollendung, bis der wiederkommt, der allein Ziel und Inhalt eines solchen Lebens geworden ist. Der Auftrag, den der Herr seinen Jüngern gab (Matth. 28, 19. 20), ehe er seinen Siegeszug in die himmlische Welt antrat, sein Evangelium allen Völkern zu sagen, ist noch nicht erfüllt. Und so ist auch das Wort des Auferstandenen an die Frau, in der Gemeinde zu bezeugen, daß er auferstanden ist, ein Wort von mehr als historischer Bedeutung. Dadurch ist die glaubende Frau unter Befehl gestellt. Den Befehl aber kann keiner zurücknehmen, denn der ihn gegeben.

Um aber den Sieg des Auferstandenen zu verkündigen und die Gnade des barmherzigen Gottes, muß man den Mut haben, seine eigene Armseligkeit einzugestehen. Von erfahrener Gnade zeugen kann nur der Sünder. Nur wer selbst von der Vergebung seines Gottes lebt, Tag für Tag, erfährt die Kraft der Auferstehung, wie sie triumphiert über das selbstsüchtige Begehren auch unseres Frauentums. Nur solche können Zeugen seines Sieges sein. Vielleicht ist der Lebensraum, den Gott den einzelnen angewiesen hat zu diesem meist verborgenen Zeugendienst, ein eng begrenzter. Was verschlägt's? Wir stehen unter der Botmäßigkeit des Wortes, das Befehl ist und Verheißung zugleich. Das ist eine große Gnade. Nur die das Wort der Verheißung (Matth. 24, 14; Joh. 14, 26; 16, 13; Apg. 1, 8) im Herzen tragen, können diesen Auftrag erfüllen. Nur die Wartenden.

Es tut not, mehr denn je, daß wir von neuem den Blick geschärft bekommen für das Wort, das den Willen Gottes über uns sagt und deutet. Damit die Nebel fallen, die über dem Schicksal der Frau liegen, und wir klar erkennen, woher und wohin die Gotteslinie führt. Es ist der kommende König, auf den die Gemeinde wartet. Er fragt nur nach der Treue. Die waren treu, die vor bald 2000 Jahren trauernd an seinem Grabe standen und anbetend Zeugen seiner Auffahrt wurden. Das Wort ist heute noch unter uns. Wo aber sind die Treuen, die sich aufmachen, dem Bräutigam entgegen?

Amen, ja komm, Herr Jesu!